オールカラー

高校入試の要点が1冊でしっかりわかる本

国語

塾 プラスティー　清水章弘／岸 誠人　監修

かんき出版

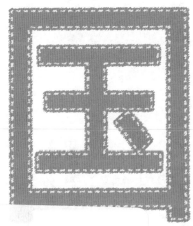

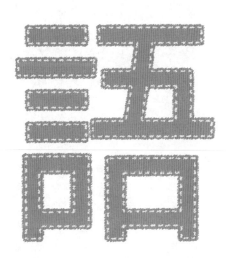

はじめに

中学生の皆さん、こんにちは！「勉強のやり方」を教える塾・プラスティー代表の清水章弘です。本書を手に取ってくださり、ありがとうございます。本書は、高校入試の国語の要点を一冊にギュッとまとめたものです。

「国語の勉強法を基礎から学びたい！」
「試験直前の対策として、さっとおさらいしたい！」

など、いろいろな方に使ってもらえるテキストになっています。

日々授業をするなかでよく、「国語って、どうやって勉強するの？」という相談をされます。苦手な人が悩んでいるのはもちろんですが、実は国語が得意な人からも、「このやり方でいいんですか？」と相談されることが多いのです。

たしかに、英語で「単語や文法を覚える」とか、数学で「公式を理解して例題を解く」ことに比べると、国語は勉強のやり方がわかりにくい教科なのかもしれません。覚えるべきことがはっきりわかりにくいこと、また、文章の決まった読み方がないことがその理由でしょう。その結果、文章読解が難しく感じたり、勉強のやり方がわからないと感じたりするのだと思います。

国語が「できるようになった」人には、必ず共通点があると思っています。それは、次の二つを頑張れる人です。

・覚えるべき知識を着実に学習できること
・自ら考えながら文章を読んでいること

本書は、国語の勉強のやり方を伝えながら、この二つがやりやすくなるように作りました。

前半の十七単元は、「覚えるべきこと」、つまり知識が中心です。**学んだことがそのまま点数に直結する分野です。**ぜひ「読む」だけでなく、シートを使ってテストをして覚えていきましょう。入試問題から厳選した「確認問題」で、**実際の試験での出題のされ方を体感**することもできます。

後半の十三単元は、「考えること・読むこと」、つまり読解問題が中心です。文章をジャンルごとに分け、**解説や例題を通して「読解のやり方」を一つひとつ説明しています。**直近の入試を徹底的に分析し、**新傾向の「資料・グラフの読解」「対話文の読解」のやり方**も収録しています。さまざまなジャンルの「読み方・考え方」を身につける助けになるはずです。

国語は、すべての教科の基礎。「たしかな知識をもとに」「正しく読む」ことで、確実に正解できる教科です。

練習を積み上げ、技術を磨いていきましょう。応援しています！

２０２３年秋　清水章弘

本書の5つの強み

☑ その1
中学校3年間の国語の大事なところをギュッと1冊に！

入試に出やすいところを中心にまとめています。受験勉強のスタートにも、本番直前の最終チェックにも最適です。

☑ その2
新傾向問題まで網羅！

資料の読み取りや作文など、新傾向問題まで網羅しているので、まんべんなく受験対策ができます。

☑ その3
各項目に「合格へのヒント」を掲載！

各項目に、間違えやすいポイントや効率的な勉強法を書いた「合格へのヒント」を掲載。苦手な単元の攻略方法がつかめます。

☑ その4
公立高校の入試問題から厳選した「確認問題」で、入試対策もばっちり！

確認問題のほとんどが、全国の公立高校入試の過去問からの出題です。近年の出題傾向の分析を踏まえて構成されているので、効率よく実践力を伸ばすことができます。高校入試のレベルや出題形式の具体的なイメージをつかむこともでき、入試に向けてやるべきことが明確になります。

☑ その5
「点数がグングン上がる！国語の勉強法」を別冊解答に掲載！

別冊解答には「基礎力UP期（4月～8月）」「復習期（9月～12月）」「まとめ期（1月～受験直前）」と、時期別の勉強のやりかたのポイントを掲載。いつ手にとっても効率的に使えて、点数アップにつながります。

本書の使いかた

コンパクトにまとめた解説とフルカラーの誌面です。赤シートでオレンジの文字が消えます。

重要項目は「絶対おさえる！」にまとめています。

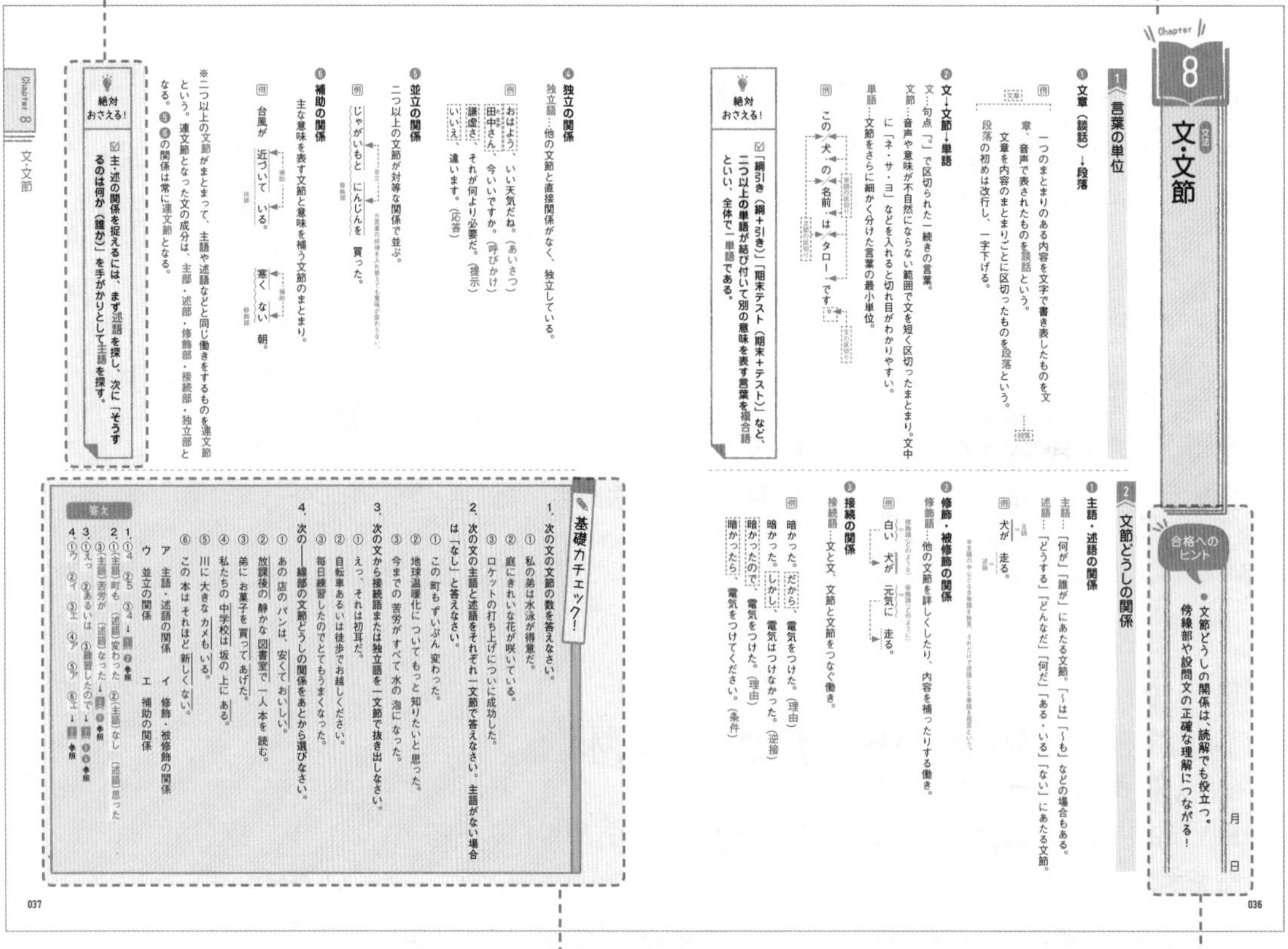

「基礎力チェック！」問題で、要点を理解できたか確認してみましょう。

「合格へのヒント」には、その項目でおさえるべきポイントや、勉強法のコツなどを載せています。

過去問からの出題の場合は、出題年度と都道府県名を載せています。

簡単な問題から実践的な問題までそろえています。本に直接書き込むのではなく、ノートなどに解いてみるのがおすすめです。

確認問題は、ほとんどが全国の公立高校入試の過去問からの出題です。

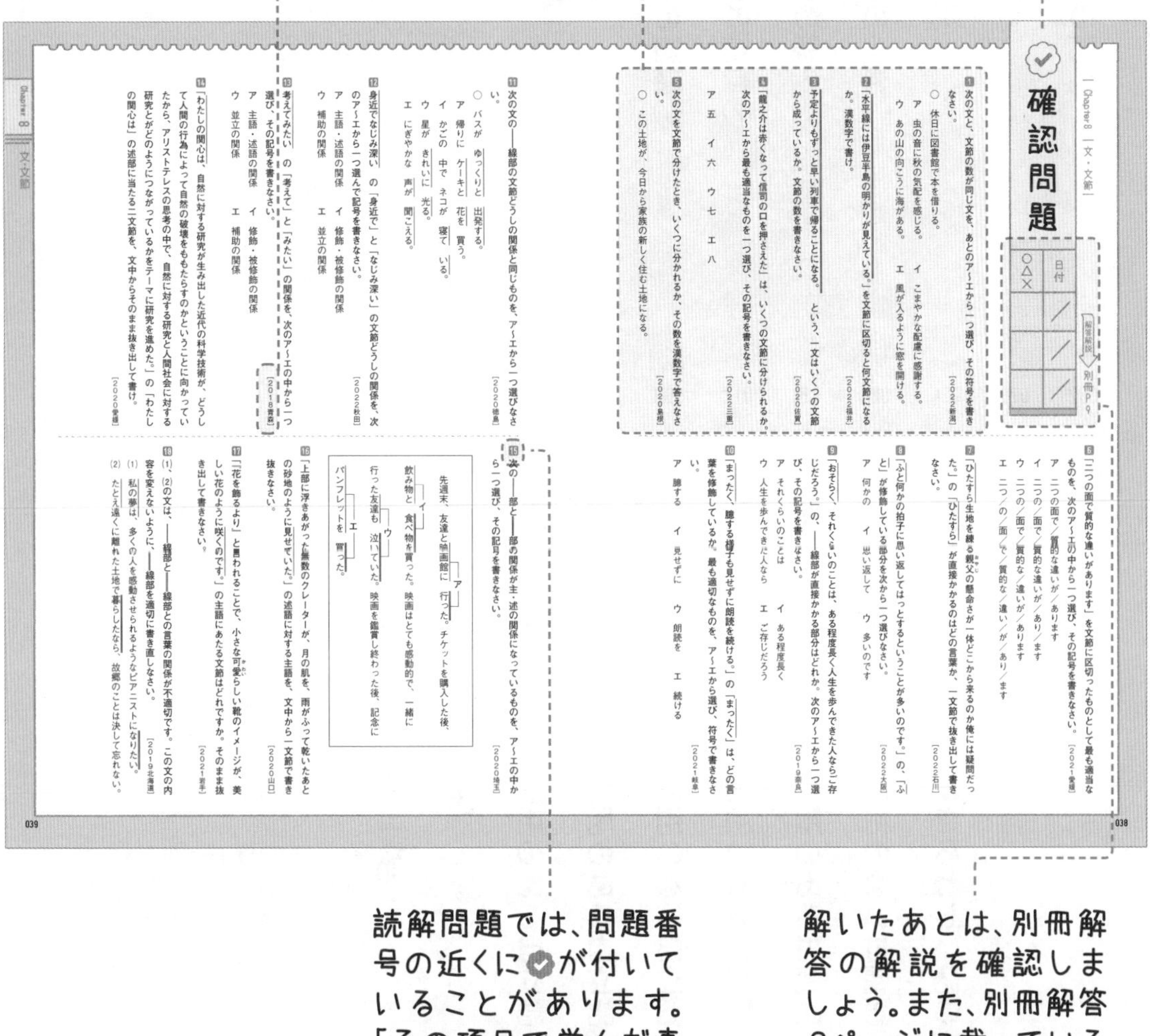

読解問題では、問題番号の近くに✔が付いていることがあります。「その項目で学んだ事項に関する問題である」という印です。

解いたあとは、別冊解答の解説を確認しましょう。また、別冊解答2ページに載っている「○△×管理法」にならって、日付と記号を入れましょう。

もくじ

読解

表現

ブックデザイン：dig
DTP：エムアンドケイ（茂呂田剛、畑山栄美子）
編集協力：マイプラン、プラスティー教育研究所（岸誠人、渡邊健太郎、古屋秀基、延東知孝、梅津さくら、濱田和輝）

Chapter 1

漢字・語句

漢字の知識①

1 六書

成り立ちや使い方によって漢字を六種類に分けたもの。

❶ **象形文字**…ものの形をかたどってできた文字。

例 →山　→目

❷ **指事文字**…形のないものを点や線で示した文字。多くは、象形文字に点や線を加えたもの。

例 →上　→本

❸ **会意文字**…意味を表す漢字を二つ以上組み合わせた文字。

例 林→木＋木　男→田＋力

❹ **形声文字**…意味を表す部分（意符）と発音を表す部分（音符）から成り立っている文字。

例 語　意符→言＋音符→吾

❺ **転注文字**…元の意味から、関係する別の意味に転用した文字。

例 楽→元は「器楽・音楽」の意味の象形文字が、音楽を聴くのが楽しいので、「ラク」という読みや「楽しい」という意味に転用した。

❻ **仮借《かしゃ》文字**…意味に関係なく、漢字の音を転用した文字。

例 アメリカ→亜米利加　キリスト→基督

絶対おさえる！

☑ **漢字を組み合わせてできたものは、会意文字か形声文字。音を含む部分の有無で判断しよう。**

合格へのヒント

● 漢字の多くを占めるのが形声文字。知らない漢字でも読みや意味を予想しよう！

月　日

2 部首

漢字の左側（へん）や右側（つくり）、上部（かんむり）や下部（あし）など、漢字を七つの部分に分けた、意味を表す部位。

❶ **へん**

冫（にすい）　彳（ぎょうにんべん）　忄（りっしんべん）　氵（さんずい）

阝（こざとへん）　月（にくづき）　禾（のぎへん）　衤（ころもへん）

❷ **つくり**

刂（りっとう）　力（ちから）　阝（おおざと）　欠（あくび）　殳（るまた）

攵（のぶん・ぼくにょう）　斤（おのづくり）　隹（ふるとり）　頁（おおがい）

❸ **かんむり**

亠（なべぶた）　冖（わかんむり）　宀（うかんむり）　癶（はつがしら）

耂（おいがしら・おいかんむり）　穴（あなかんむり）

❹ **あし**

心（こころ・したごころ）　灬（れっか・れんが）

❺ **たれ**

厂（がんだれ）　广（まだれ）　尸（しかばね）　戸（とだれ）

❻ **にょう**

辶（しんにょう）　廴（えんにょう）　走（そうにょう）

❼ **かまえ**

冂（どうがまえ）　勹（つつみがまえ）　匚（はこがまえ）

囗（くにがまえ）　行（ぎょうがまえ）　門（もんがまえ）

3 画数

漢字を構成する線や点の数。漢字を書く際には、一点一画に気をつけて書く。

❶ 画数を誤りやすい漢字

弓（三画） 及（三画） 比（四画）
世（五画） 毎（六画） 近（七画）
防（七画） 卵（七画） 版（八画）

❷ 行書と点画

① 点画の変化
保→保 西→西 浅→浅

② 点画の省略
秋→秋 雷→雷 関→関

③ 筆順の変化
花→花 取→取 複→複

絶対おさえる！

☑ 行書で書いたときの部首の字形を確認しよう。点画の省略では筆順にも注意しよう。

基礎力チェック！

1. 次の漢字の成り立ちをあとから一つずつ選びなさい。
① 岩 ② 馬 ③ 中 ④ 請
ア 象形文字 イ 指事文字 ウ 会意文字 エ 形声文字

2. 次の漢字の部首名をひらがなで答えなさい。
① 情 ② 陸 ③ 登 ④ 店 ⑤ 空
⑥ 衛 ⑦ 利 ⑧ 起 ⑨ 照 ⑩ 屋

3. 次の漢字の総画数を漢数字で書きなさい。
① 弟 ② 派 ③ 延 ④ 級 ⑤ 郵
⑥ 潔 ⑦ 様 ⑧ 毒 ⑨ 率 ⑩ 承

4. 次の行書で書かれた漢字の部首名をひらがなで答えなさい。
① 社 ② 雑 ③ 税 ④ 厚
⑤ 往 ⑥ 村 ⑦ 額 ⑧ 新

5. 次の行書で書かれた漢字について、楷書で書いた場合の総画数を漢数字で書きなさい。
① 被 ② 旅 ③ 楽 ④ 柱
⑤ 清 ⑥ 細 ⑦ 臣 ⑧ 聞

答え

1. ①ウ ②ア ③イ ④エ →1参照
2. ①りっしんべん ②こざとへん ③はつがしら ④まだれ ⑤あなかんむり ⑥ぎょうがまえ ⑦りっとう ⑧そうにょう ⑨れっか・れんが ⑩しかばね →2参照
3. ①七 ②九 ③八 ④九 ⑤十一 ⑥十五 ⑦十四 ⑧八 ⑨十一 ⑩八 →3参照
4. ①しめすへん ②ふるとり ③のぎへん ④がんだれ ⑤ぎょうにんべん ⑥きへん ⑦おおがい ⑧おのづくり →2参照
5. ①十 ②十 ③十三 ④九 ⑤十一 ⑥十一 ⑦七 ⑧十四 →3参照

確認問題

日付			
○△×			

解答解説 別冊P4

1 次の文章は「大」という漢字の成り立ちに関して述べたものである。文章中の X ・ Y に入る最も適当な語を、 X は後のⅠ群のア～エから、 Y はⅡ群のカ～ケから、それぞれ一つずつ選びなさい。
［2022京都］

物の形をかたどることでその物を表す漢字は X 文字に分類される。「大」という漢字は「 Y 」と同じく、一般的にこの X 文字に分類される。

Ⅰ群　ア 象形　イ 指事　ウ 会意　エ 形声

Ⅱ群　カ 本　キ 羊　ク 知　ケ 油

2 次の会話文を読んで、あとの問いに答えなさい。
［2022兵庫］

生徒A　昨日、予習で課題の文章の出典を読んでみたんだ。「住」・「柱」・「注」・「駐」の共通性と個別特性について考える例が出ていたよ。これらの漢字は、つくりが音を表す（ ① ）だというのが共通点だけど、「主」には「（ ② ）」という意味があるのも共通点だということだよ。

生徒B　なるほど、その共通点に気づくと、「人」が「（ ② ）」ということなので「住」は「すむ」という意味、「木」が「（ ② ）」ということなので「柱」は「はしら」という意味だと考えることができる。「注」は「そそぐ」という行為の結果として「（ ③ ）」が「（ ② ）」のだと考えられるし、「駐」は「馬」を乗り物だと考えれば、うまく説明ができるね。こう考えると漢字の意味がより深く理解できるよね。

(1) 空欄①に入る適当なことばを、次のア～エから一つ選び、記号で答えなさい。

ア 象形文字　イ 形声文字

ウ 指事文字　エ 会意文字

(2) 空欄②に入る適当なことばを、次のア～エから一つ選び、記号で答えなさい。

ア 中心的な存在になる　イ とどまっていて動かない

ウ 固まって分散しない　エ たくさん集まっている

(3) 空欄③に入る適当なことばを、漢字一字で書きなさい。

3 次の行書で書かれた漢字の部首の名称を、ひらがなで書きなさい。
［2020高知］

態

4 「歌」と「吹」という漢字には、「欠」が含まれています。この「欠」は、体のどの部分と関係した意味を持つか。関係するものとして最も適当なものを、次のア～エから一つ選び、記号で答えなさい。
［2018静岡］

ア 目　イ 耳　ウ 類　エ 口

5 次の行書のうち、「花」と同じ部首の漢字を、次のア～エから一つ選び、記号で答えなさい。
［2018栃木］

ア 栄　イ 雲　ウ 笑　エ 葉

6 次の漢字の部首名を書きなさい。また、この漢字を楷書で書いた場合の総画数を書きなさい。〔2022群馬〕

権

7 次の行書で書かれた漢字を楷書で書いたときの総画数を答えなさい。〔2022鹿児島〕

閣

8 「祝」の部首と同じ部首を持つ漢字を行書で書いたものを、次のア～エから一つ選び、記号で答えなさい。〔2021徳島〕

ア 粗　イ 租　ウ 析　エ 祈

9 「映」を楷書で書いた場合の総画数と、次のア～オの漢字を楷書で書いた場合の総画数が同じものを一つ選び、記号で答えなさい。〔2021熊本〕

ア 救　イ 隊　ウ 級
エ 径　オ 郷

10 次の行書で書かれた漢字を楷書で書いたとき、総画数が最も多いものを、次のア～エから一つ選び、記号で答えなさい。〔2020宮城〕

ア 銅　イ 種　ウ 潮　エ 磁

11 次のA～Dの漢字について、楷書で書いた場合、同じ画数になる組み合わせを、あとのア～カから一つ選び、記号で答えなさい。〔2020和歌山〕

A 泳　B 紀　C 雪　D 税

ア AとB　イ AとC　ウ AとD
エ BとC　オ BとD　カ CとD

12 次に書かれた行書の特徴を説明したものとして、最も適当なものを、あとのア～エから一つ選び、記号で答えなさい。〔2019鹿児島〕

風

ア 筆脈を意識し点画の一部を連続させて書いている。
イ 点画の一部を省略し筆順を変化させて書いている。
ウ 全ての点画の筆の運びを直線的にして書いている。
エ 全ての点画を筆圧が一定になるように書いている。

13 次の文字は、「絡」を行書で書いたものである。この文字の〔 〕で囲んだ①と②の部分に現れている行書の特徴の組み合わせとして、最も適当なものを、次のア～エから一つ選び、記号で答えなさい。〔2019茨城〕

ア ①筆順の変化　②左払いからの連続
イ ①点画の省略　②右払いからの方向変化
ウ ①たて画からの連続　②筆順の変化
エ ①右払いの方向の変化　②点画の省略

Chapter 2

漢字・語句

漢字の知識②

合格へのヒント

● 漢字の訓読みは、ことばの意味と直結する。訓読みを通して漢字の意味を理解しよう！

月　日

1 筆順のきまり

一つの漢字を書くときの点画の順番を筆順という。筆順には、次のようなきまりがある。

① 上から下へ　例 三の書き順
② 左から右へ　例 川の書き順
③ 縦画と横画が交差するときは横画から　例 十の書き順
④ 中を書いてから左右へ　例 小の書き順
⑤ 外側を書いてから内側へ　例 同の書き順
⑥ 左はらいと右はらいが交差するときは左はらいから　例 父の書き順
⑦ 全体を貫く画は最後　例 申の書き順
⑧ 横画と左はらいが交差するときは
・左はらいが短いときは左はらいから　例 右の書き順
・左はらいが長いときは横画から　例 左の書き順
⑨「にょう」は
・最後に書く場合　例 近の書き順
・最初に書く場合　例 起の書き順

絶対おさえる！

☑ **筆順は例外も多く、また行書で書く場合は筆順が変化することもある。その都度実際に書いて確認するようにしよう。**

2 漢字の音訓

漢字には音読みと訓読みの二種類の読みがある。読みを記すときは、音読みにカタカナ、訓読みにひらがなを用いるのが一般的である。

❶ **音読み**…中国語の発音をもとにした読み方。**伝わってきた時代**によって、複数の音読みをもつ漢字がある。

① **呉音**…最も古い時代、中国の中南部を経由して仏教とともに伝えられた読み。『古事記』や『万葉集』に使われている。
② **漢音**…**遣隋使**や**遣唐使**によって中国の北部を経由して伝えられた読み。
③ **唐音**…平安時代の中期以降に伝えられた読み。

例 明
- 呉音…ミョウ　明朝・明日・明神
- 漢音…メイ　明解・明朗・証明
- 唐音…ミン　明朝体

❷ **訓読み**…中国から伝わった漢字に日本語（やまとことば）をあてた読み方。音読みと比べ、漢字のもつ意味が明確である。

例 山《やま》・川《かわ》・海《うみ》・上《うえ》・下《した》・生きる・走る・話す

※漢字は音とともに中国より伝わってきたため、国字をのぞき、「王」「絵」「肉」など、**音読みだけをもって訓読みをもたないものが多い**。
※国字…日本でつくられた漢字。「畑」「枠」「峠」など、国字はほとんどが**訓読みしかもたない**。

3 熟語の読み方

特に二字の漢字からなる熟語の読み方は、音読みと訓読みの組み合わせで四種類に分けられ、特別な読み方として熟字訓がある。

❶ 音読み＋音読み

例 絵画（カイガ）・小説（ショウセツ）・土地（トチ）

❷ 訓読み＋訓読み

例 朝日（あさひ）・親子（おやこ）・初雪（はつゆき）

❸ 音読み＋訓読み（重箱読み）

例 客間（キャクま）・残高（ザンだか）・札束（サツたば）

❹ 訓読み＋音読み（湯桶読み）

例 油絵（あぶらエ）・指図（さしズ）・夕刊（ゆうカン）

❺ 熟字訓…熟語全体にひとつの読み方を付したもの

例 足袋（たび）・息子（むすこ）・木綿（もめん）

※「仕事（シごと）」や「本音（ホンね）」、「家賃（やチン）」や「場面（ばメン）」は音読み＋音読み、訓読み＋訓読みと誤りやすい。音読みと訓読みの特徴を確認し、それぞれどちらの読みかを判断する。

基礎カチェック！

1. 次の漢字の←で示した点画の筆順を漢数字で書きなさい。

① 馬　② 必　③ 被　④ 性

⑤ 衆　⑥ 延　⑦ 飛　⑧ 在

2. 次の漢字の（　）内の読みが音読みであればア、訓読みであればイと答えなさい。

① 服（ふく）　② 貝（かい）　③ 銀（ぎん）

④ 陸（りく）　⑤ 芽（め）　⑥ 論（ろん）

⑦ 灰（はい）　⑧ 黒（くろ）　⑨ 粉（こ）

⑩ 応（おう）　⑪ 胃（い）　⑫ 縄（なわ）

⑬ 字（じ）　⑭ 酒（さけ）　⑮ 職（しょく）

3. 次の熟語の読み方をあとから選びなさい。

① 野宿　② 時雨　③ 手紙　④ 野球　⑤ 献立

ア 音＋音　イ 訓＋訓　ウ 音＋訓

エ 訓＋音　オ 熟字訓

4. 次の熟語の読み方を例にならって、音読みはカタカナ、訓読みはひらがなを用いて書きなさい。

例 強気…つよキ

① 読書　② 合図　③ 王様　④ 真冬

答え

1. ①二 ②四 ③六 ④二 ⑤八 ⑥一 ⑦四 ⑧二 → 1 参照

2. ①ア ②イ ③ア ④ア ⑤イ ⑥ア ⑦イ ⑧イ ⑨イ ⑩ア ⑪ア ⑫イ ⑬ア ⑭イ ⑮ア → 2 参照

3. ①エ ②オ ③イ ④ア ⑤ウ → 3 参照

4. ①ドクショ ②あいズ ③オウさま ④まふゆ → 3 参照

確認問題

日付	○△×
／	
／	
／	

解答解説 別冊P4

1 次のア～エの傍線部の行書体の漢字について、楷書で書いた場合と筆順の変わるものを、一つ選び記号で答えなさい。
［2019沖縄］

ア 給ふ（給ふ）　イ 則ち（則ち）
ウ 車蓋（車蓋）　エ 及ぶ（及ぶ）

2 次は、「放」という漢字を楷書体で書いたものである。黒ぬりのところは何画めになるか。数字で答えなさい。
［2021山口］

放

3 行書の特徴の一つに筆順の変化がある。次の行書で書かれた漢字のうち、楷書で書いた場合と比べて、筆順が変化していないものはどれか、ア～エから一つ選びなさい。
［2019徳島］

ア 取　イ 草　ウ 映　エ 組

4 次の文は行書で書かれている。楷書で書くときと筆順が異なる漢字はどれか。当てはまるものを、後のア～オからすべて選び、その記号を書きなさい。
［2021奈良］

山の緑に花の色が映える。

ア 山　イ 緑　ウ 花　エ 色　オ 映

5 「収」の二画目を濃くなぞりなさい。
［2018島根］

収

6 「特」の［　］で囲んだ部分は何画目か書きなさい。
［2021北海道］

特技

7 次の――線を付けた漢字の読みが音読みであるものにはア、訓読みであるものにはイを書きなさい。

(1) 友人と意見が異（こと）なる。
(2) 我（われ）を忘れて走りつづける。
(3) 虫の羽音（は-おと）が聞こえる。
(4) 美しい千代紙（ち-よ-がみ）で鶴を折る。
(5) 絵を額縁（がく-ぶち）に入れて飾る。
(6) 年号（ねん-ごう）を改める。
(7) 正しい言葉（こと-ば）づかいを心がける。
(8) 宝石のついた指輪（ゆび-わ）をはめる。

8 **次の――線を付けた漢字の読みをひらがなで書きなさい。ただし、熟字訓としての読みをもつ場合は、その読みを書くこと。**

(1) 気持ちの良い五月晴れの一日。
(2) 弟は来年で二十になる。
(3) 自分の名前の由来を聞く。
(4) 試合を明日に控え緊張が高まる。
(5) 夫婦で紅葉狩りへ出かける。
(6) お寺の境内に集まる。
(7) 貴重な作品を文化財として保護する。
(8) 新しく眼鏡をつくる。

9 **次の(1)〜(3)の各文中の――線をつけたものの中から音読みであるものを一つずつ選び、その記号を答えなさい。**

(1) ア 感じたことを言葉で表す。
イ 熱い湯を準備する。
ウ 大きな城を築く。
(2) ア 落ち着いて試験にのぞむ。
イ 自然を愛する心を育てる。
ウ 自分のしたことを申し出る。
(3) ア 待ち合わせに遅刻した訳を話す。
イ 研究者としての在り方を肝に銘じる。
ウ 誕生日に贈る花を選んで束ねる。

10 **次の(1)〜(5)の各組の中から、――線部の読みが他と異なるものをそれぞれ一つずつ選び、記号で答えなさい。**

(1) ア 方針　イ 指針　ウ 針金　エ 針路
(2) ア 若干　イ 若手　ウ 若葉　エ 若草
(3) ア 感傷　イ 軽傷　ウ 負傷　エ 傷口
(4) ア 窓口　イ 車窓　ウ 天窓　エ 出窓
(5) ア 潮流　イ 紅潮　ウ 黒潮　エ 満潮

11 **次の文中の――線をつけたカタカナと同じ漢字を含むものを、あとのア〜エの中から一つ選び、その記号を答えなさい。** [2018神奈川]

○ 山頂で日の出をオガむ。
ア 人事異動をハツレイする。
イ 教科書のハイクを鑑賞する。
ウ 学校のチョウレイで話を聞く。
エ 知恵をハイシャクする。

12 **次の――のカタカナの部分を漢字で表したとき、その漢字と同じ漢字が使われている熟語を、あとのア〜エの中から一つ選び、その記号を書きなさい。** [2018青森]

○ ユーモアをマジえて話す。
ア 交通　イ 効果　ウ 混然　エ 散乱

13 **「極細」と同じように、重箱読みをする熟語を、ア〜エから一つ選びなさい。** [2020北海道・改]

ア 雪国　イ 所望　ウ 手帳　エ 額縁

14 **「高台」は、上の漢字を訓、下の漢字を音で読む「湯桶読み」とよばれる読み方をする熟語である。次のア〜オの中から、「湯桶読み」をするものを二つ選び、記号で答えなさい。** [2020静岡]

ア 雨具　イ 番組　ウ 荷物　エ 若者　オ 着陸

Chapter 3

漢字・語句

漢字の読み

合格へのヒント

● 読みと一緒に、言葉の意味も理解しておこう。辞書も使いつつ学習を進めるのがおすすめ！

月　日

1 熟字訓

二つ以上の漢字からなる熟語に訓読みをあてた、特別な読み方をするもの。

❶ 小学校で習う熟字訓

例 父さん（とうさん）・母さん（かあさん）・大人（おとな）
河原（かわら）・景色（けしき）・清水（しみず）
一日（ついたち）・手伝う（てつだう）・時計（とけい）
友達（ともだち）・兄さん（にいさん）・姉さん（ねえさん）
二十日（はつか）・一人（ひとり）・迷子（まいご）
真面目（まじめ）・真っ赤（まっか）・八百屋（やおや）

❷ 中学校で習う熟字訓

例 小豆（あずき）・硫黄（いおう）・海原（うなばら）・乳母（うば）
笑顔（えがお）・乙女（おとめ）・お巡りさん（おまわりさん）
風邪（かぜ）・差し支える（さしつかえる）・早苗（さなえ）
砂利（じゃり）・太刀（たち）・凸凹（でこぼこ）
息子（むすこ）・最寄り（もより）・老舗（しにせ）

絶対おさえる！

☑ **熟字訓は熟語全体にひとつの読みをあてたものなので、たとえば熟字訓「小豆（あずき）」の場合、「小豆」の「小」の字に「あ」や「あず」、あるいは「豆」の字に「ずき」や「き」という読みが対応しているわけではない。**

2 複数の読みをもつ漢字と熟語

漢字には、日本に伝わった時代やルートによって複数の音読みをもつもの、あてられた日本語によって複数の訓読みをもつものがある。

❶ 複数の読みをもつ漢字

① 二つ以上の音がある漢字

例 納…納品（のうひん）・納得（なっとく）・出納（すいとう）
幕…開幕（かいまく）・幕府（ばくふ）
強…強制（きょうせい）・強情（ごうじょう）
成…完成（かんせい）・成就（じょうじゅ）

② 二つ以上の訓がある漢字

例 育…育つ（そだつ）・育む（はぐくむ）
角…曲がり角（まがりかど）・角笛（つのぶえ）
断…断る（ことわる）・断つ（たつ）
映…映る（うつる）・映える（はえる）

❷ 複数の読みをもつ熟語

例 一行（いちぎょう・いっこう）・見物（けんぶつ・みもの）
大事（おおごと・だいじ）・人気（にんき・ひとけ）
風車（かざぐるま・ふうしゃ）・寒気（かんき・さむけ）

※複数の読みをもつ熟語は、どのように読むかで意味が変わるものが多い。読みを問われた場合は、文脈から判断する。

3 読み誤りやすい漢字

❶ 小学校で習う漢字

例 重複（○ちょうふく・×じゅうふく）
原因（○げんいん・×げいいん）
発足（○ほっそく・×はっそく）
帰省（○きせい・×きしょう）
風情（○ふぜい・×ふじょう・ふうぜい）
境内（○けいだい・×きょうない・きょうだい）
知己（○ちき・×ちこ）
気性（○きしょう・×きせい）
築く（○きずく・×きづく）
著す（○あらわす・×ちょす）
朗らか（○ほがらか・×あきらか）

❷ 中学校で習う漢字を含むもの

例 雰囲気（○ふんいき・×ふいんき）
措置（○そち・×しょち）
素朴（○そぼく・×すぼく）
嫌悪（○けんお・×けんあく）
会釈（○えしゃく・×かいしゃく）
更迭（○こうてつ・×こうそう）
唯一（○ゆいいつ・×ゆいつ）
施す（○ほどこす・×せす）
促す（○うながす・×そくす）
諭す（○さとす・×ゆす）
遂げる（○とげる・×つげる）
掲げる（○かかげる・×あげる・さげる）

基礎力チェック！

1. 次の漢字の読みを書きなさい。

①専ら ②凝る ③諭す ④穏やか
⑤栽培 ⑥顕著 ⑦踏襲 ⑧親睦
⑨秩序 ⑩大胆 ⑪環境 ⑫柔和
⑬遂行 ⑭克服 ⑮懸念 ⑯恩恵
⑰果物 ⑱部屋 ⑲田舎 ⑳芝生
㉑名残 ㉒心地 ㉓竹刀 ㉔三味線

2. 次の文中の――線部の漢字の読みを書きなさい。

① 空に半月が浮かぶ。
② 華道の大家と呼ばれる。
③ つれない素振りを見せる。
④ 彼のことは一目置いている。
⑤ 一寸の虫にも五分の魂
⑥ 細々とした雑務が残っている。
⑦ 試合で金星を挙げる。
⑧ 選挙の大勢が判明する。

答え

1. ①もっぱ(ら) ②こ(る) ③さと(す) ④おだ(やか) ⑤さいばい ⑥けんちょ ⑦とうしゅう ⑧しんぼく ⑨ちつじょ ⑩だいたん ⑪かんきょう ⑫にゅうわ ⑬すいこう ⑭こくふく ⑮けねん ⑯おんけい ⑰くだもの ⑱へや ⑲いなか ⑳しばふ ㉑なごり ㉒ここち ㉓しない ㉔しゃみせん → 1・3参照
2. ①はんげつ ②たいか ③そぶ ④いちもく ⑤ごぶ ⑥こまごま ⑦きんぼし ⑧たいせい → 2参照

確認問題

日付	○△×
/	
/	
/	

解答解説 別冊P5

1 (1)著しい　(2)利潤　の読みがなを書きなさい。 [2021秋田]

2 次の――線の部分の読みをひらがなで書きなさい。 [2021栃木]

(1) 専属契約を結ぶ。
(2) 爽快な気分になる。
(3) のどを潤す。
(4) 弟を慰める。
(5) わらで作った草履。

3 次の(1)~(4)の――の漢字の読みがなを書きなさい。 [2020青森]

(1) 廉価な製品をつくる。
(2) 曇天の中を移動する。
(3) 地域の催しに参加する。
(4) 事実と意見を併せて発表する。

4 次の(1)~(4)について、――線部の漢字の読みがなを書きなさい。 [2020石川]

(1) 目的地までの道順を尋ねる。
(2) 怠慢な生活を改める。
(3) 五月の半ばに完成する。
(4) 国王に拝謁する。

5 雰囲気　の漢字の読みを、ひらがなで書きなさい。 [2020福岡]

6 次の(1)~(4)の各文中の――線をつけた漢字の読み方を、ひらがなを使って現代仮名遣いで書きなさい。 [2021神奈川]

(1) 元気よく挨拶する。
(2) 政権を掌握する。
(3) 惜別の念を抱く。
(4) 無事に目的を遂げる。

7 次の(1)~(5)の傍線部について、漢字をひらがなに改めなさい。 [2020岐阜]

(1) 記念品を贈呈する。
(2) お客様からの注文を承る。
(3) 抑揚をつけて音読する。
(4) 新たな難問に挑む。
(5) 大臣を罷免する。

8 次の(1)~(4)の文の傍線部分について、読みをひらがなで書きなさい。 [2020三重]

(1) 本を大切に扱う。
(2) みかんを搾る。
(3) 愉快な一日を過ごす。
(4) 文章の体裁を整える。

9 次の――部の漢字に読みがなをつけなさい。 [2019埼玉]

(1) 至福の時間を過ごす。
(2) 晩鐘が鳴り響く。
(3) 毎日怠けずに練習する。

10 次の(1)〜(4)の傍線の部分について、読みをひらがなで書きなさい。 〔2019福井〕

(1) 文化祭の演出で紙吹雪が舞う。
(2) 道路の幅が狭い。
(3) 箱に緩衝材を入れる。
(4) 朝霧が大地を覆う。

11 次の(1)・(2)の傍線部について、漢字の読み方をひらがなで書きなさい。 〔2019鳥取〕

(1) 運動会の日、穏やかな天気に恵まれる。
(2) 為替相場が変動する要因を考えてみる。

12 次の(1)・(2)について、——部の読みがなを書きなさい。 〔2019山口〕

(1) どうぞ健やかにお過ごしください。
(2) この絵は陰影の表現に優れている。

13 次の(1)〜(4)の各文の——線の部分の読み方をひらがなで書きなさい。 〔2019愛媛〕

(1) 履歴を記す。
(2) 塗装が剝離する。
(3) 両手で荷物を抱える。
(4) 友人との会話が弾む。

14 次の(1)・(2)の——線について、読みをひらがなで書きなさい。 〔2019大分〕

(1) 生徒会の公約を掲げる。
(2) 素晴らしい演奏に陶酔する。

15 次の——線部の読みを書きなさい。 〔2018北海道〕

(1) ピカソはスペイン出身の著名な画家だ。
(2) 高校生の棋士が主人公の小説が人気だ。
(3) ランナーは沿道からの声援に奮い立った。
(4) 好きな音楽を聴きながら憩いのひとときを過ごす。

16 次の——線部の漢字をひらがなに直して書きなさい。 〔2022鹿児島〕

(1) 固唾をのんで見守る。
(2) 友人の才能に嫉妬する。
(3) 受賞の喜びに浸る。

17 次の文中の傍線部について、漢字の読みをひらがなで書きなさい。 〔2022愛知〕

○ 街路樹の枝が自転車の通行を妨げている。

18 次の——線部の漢字の読みを書きなさい。

(1) 思慮分別のある大人になる。
(2) 舞台の下手から役者が現れる。

19 次の(1)〜(8)の——線の読みをひらがなで書きなさい。

(1) 浮ついた気持ちで落ち着かない。
(2) 日本の国技は相撲だ。
(3) 和装に合わせて足袋を履く。
(4) 絶好の行楽日和となった。
(5) 友人に旅行のお土産を渡す。
(6) スーパーで木綿豆腐を購入する。
(7) 未来ある若人たちにエールを送る。
(8) 折り紙で七夕飾りをつくる。

Chapter 4

漢字・語句

漢字の書き

月　日

合格へのヒント

● 同音異義語・同訓異字の書き分けに注意！前後の文脈をよく確認して答えよう。

1 同音異義語（同じ音だが漢字が異なる熟語）

例

- イガイ
  - 意外な人物に出会う。
  - 必要なもの以外は持ってこない。
- イギ
  - 言葉のもつ意義を考える。
  - 提案に異議を唱える。
  - 同音異義語。
- キカン
  - 教育機関を存続させる。
  - 営業時間の短縮期間を設ける。
  - 消化器官のはたらきを学ぶ。
  - 食べ物が気管に入る。
- ツイキュウ
  - 学問を追究する。
  - 幸福を追求する。
  - 責任を追及する。
- ホショウ
  - 安全保障条約。
  - 品質を保証する。
  - 損失を補償する。

絶対おさえる！

☑ **同音異義語は字形や意味が似たものも多い。どの漢字をあてるか文中における意味によって判断する必要があるため、必ず用例とあわせて確認する。**

2 同訓異字（同じ訓だが漢字が異なる字）

例

- おくる
  - 荷物を送る。（発送）
  - プレゼントを贈る。（贈呈）
- きく
  - 話を聞く。（見聞）
  - 薬が効く。（効果）
  - 機転が利く。（利発）
- とく
  - 問題を解く。（解法）
  - 絵の具を水で溶く。（水溶液）
  - 教えを説く。（説明）
- とる
  - 資格を取る。（取得）
  - 写真を撮る。（撮影）
  - 新人を採る。（採用）
- はなす
  - 友人と話す。（会話）
  - 犬を放す。（解放）
  - 席を離す。（分離）
- もと
  - 元に戻す。（元来）
  - 資料を基にする。（基礎）
  - 愛情の下で育つ。（天下）

※同訓異字の書き取りは文脈から意味を判断し、それに合う熟語から考えるのがよい。送り仮名を問われることも多いので注意する。

3 書き誤りやすい漢字

❶ 小学校で習う漢字

例 積（体積・面積）— 績（成績・実績）
則（規則・校則）— 測（測定・観測）
像（実像・映像）— 象（印象・気象）
録（録画・収録）— 緑（常緑・緑地）
未（未来・未然）— 末（巻末・末日）
干（干満・干潮）— 千（千秋楽・千代紙）
徒（生徒・徒労）— 従（主従・従者）
識（知識・認識）— 職（就職・職員）
複（複雑・複製）— 復（復習・回復）
卒（卒業・卒園）— 率（引率・確率）
似（空似・類似）— 以（以上・以心伝心）
築（建築・築城）— 策（散策・政策）

❷ 中学校で習う漢字を含むもの

例 歓（歓待・歓迎）— 観（観察・観客）
衡（均衡・平衡）— 衝（衝動・衝撃）
粗（粗末・粗品）— 租（租税・租借）
捕（捕手・捕捉）— 補（補足・補欠）
環（環境・環状）— 還（還元・還付）
剤（洗剤・下剤）— 済（決済・救済）
璧（完璧・双璧）— 壁（壁画・絶壁）
辛（辛苦・辛酸）— 幸（幸福・幸運）
敵（敵陣・宿敵）— 適（適合・快適）
徴（特徴・象徴）— 微（微量・顕微鏡）
惑（迷惑・惑星）— 感（感情・直感）

基礎力チェック！

1. 次の文中の——線部のカタカナを漢字で書きなさい。
① イゼンとして予断を許さない。
イゼンと変わらぬ様子に安心する。
② たゆまぬ努力にカンシンする。
政治へのカンシンが高まる。
③ 質問へのカイトウを差し控える。
答えはカイトウ用紙に記入する。
④ カクシンをついた発言。
実験の成功をカクシンする。
カクシン的な制度を整える。

2. 次の文中の——線部のカタカナを漢字で書きなさい。送りがなが必要なものは送りがなも書くこと。
① 災害にソナエル。
② 早寝早起きにツトメル。
③ 締め切りを明日にノバス。
④ 師範のアトを継ぐ。

3. 次の文から誤って使われている漢字一字をそれぞれ書き抜いて、同じ読みの正しい漢字に書き改めなさい。
① 携帯電話に内臓されている電池を交換する。
② 野墓なことを聞いては相手の心証が悪くなるよ。
③ 駅の講内図を確認して目的地に近い改札口を探す。

答え

1. ①依然・以前 ②感心・関心 ③回答・解答
④核心・確信・革新 → 1参照
2. ①備える ②努める ③延ばす ④跡 → 2参照
3. ①臓→蔵 ②墓→暮 ③講→構 → 3参照

確認問題

日付	/	/	/
○△×			

解答解説 別冊P7

1 (1)、(2)の文から、誤って使われている漢字一字をそれぞれ書き抜き、同じ読みの正しい漢字を書きなさい。 [2021北海道]

(1) 環境や景観に配慮した市役所の新しい庁社の建設計画が進められている。

(2) 学校図書館で定期購読している雑誌を、係の生徒が本棚に順助よく並べる。

2 次の(1)~(3)の――線部の漢字として最も適切なものを、それぞれあとのア~エから一つ選び、記号を書きなさい。 [2018長野]

(1) 人事イドウで部長になる。

ア 異動　イ 移動　ウ 異同　エ 医道

(2) 靴ひもの結び目をトく。

ア 説　イ 溶　ウ 解　エ 外

(3) 意味シン長

ア 新　イ 慎　ウ 身　エ 深

3 次の(1)・(2)の――のカタカナの部分を楷書で漢字に書き改めなさい。 [2021青森]

(1) 堂々とした姿で開会式にノゾむ。

(2) きつい練習にもネをあげることはない。

4 「試しに何冊か国語ジテンを引いてみると、……」の「ジテン」を漢字に直して書きなさい。 [2018秋田]

5 次の文の――線部(1)、(2)のカタカナを漢字に改めたものとして、正しいものを、それぞれあとのア~エから一つ選び、記号で答えなさい。 [2021宮城]

○ 入場者の数を(1)キセイする。

ア 省　イ 制　ウ 製　エ 精

○ 大会に参加する(2)イコウを関係者に伝える。

ア 光　イ 行　ウ 降　エ 向

6 「意識改革をはかることの必要性が示されています」の――線を施した部分と、次のア~エの――線を施した部分に適切な漢字をあてるとき、同じ漢字を用いるものを、ア~エから一つ選び、記号を書きなさい。 [2021福岡]

ア 体重をはかる。

イ 相手の気持ちをはかる。

ウ 問題の決着をはかる。

エ 時間をはかる。

7 「色々なテーマでコウエンを行うなど多方面で活躍した人物です」の コウエン と同じ漢字を用いるものはどれか。 [2018栃木]

ア 家の近くのコウエンに遊びに行く。

イ 大学教授のコウエンを聴く。

ウ 自治体が文化事業をコウエンする。

エ 新人が主役をコウエンする。

8 次の――線のひらがなを漢字で書きなさい。 [2018山梨]

○ いつも笑顔をたやさない。

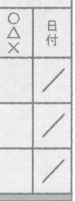

9 「対象」の同音異義語のうち「対」で始まるものを一つ使って、十字以上十五字以内の短文を作りなさい。〔2019山口〕

10 次の――部のカタカナを漢字に改めなさい。〔2020埼玉〕

(1) 練習のコウリツを上げる。

(2) 果実が真っ赤にウれる。

11 次の(1)・(2)について、――線をつけたカタカナの部分に当てはまる漢字を書きなさい。〔2020新潟〕

(1) 熱いお湯をサまして飲む。

(2) 贈り物をきれいにホウソウする。

12 次の(1)・(2)の傍線について、カタカナを漢字で書きなさい。〔2020福井〕

(1) 人工エイセイを打ち上げる。

(2) 弓の名手が矢をイる。

13 次の文の――線部のカタカナを適切な漢字に直して書きなさい。〔2022高知〕

○ 信頼関係をキズく。

14 次のア～エの傍線部の中から、「副交感神経が優位になり、恐怖の臨戦たいせいが解かれる」を漢字に直した熟語と同じものを一つ選び、記号で答えなさい。〔2021静岡〕

ア 産業革命が進み、資本主義体制が確立する。
イ 長年の努力が実り、作曲家として大成する。
ウ 不測の事態に備えて、万全の態勢をとる。
エ 雪解けのぬかるみに足を取られて、体勢が崩れる。

15 次の(1)～(3)の――線部の漢字として最も適切なものを、あとのア～エから一つ選び、記号を書きなさい。〔2020長野〕

(1) 国民のシジを得る。
ア 時　イ 示　ウ 辞　エ 持

(2) 荷物の運搬に手をカす。
ア 貸　イ 兼　ウ 科　エ 借

(3) 日センシュウの思いで待つ。
ア 拾　イ 週　ウ 秋　エ 終

16 次の文中の――線をつけたカタカナを漢字に表したとき、その漢字と同じ漢字を含むものを、あとのア～エの中から一つ選び、その記号を答えなさい。〔2021神奈川〕

○ 税金をオサめる。

ア 関係をシュウフクする。
イ ストーブにキュウユする。
ウ 運動会をケッセキする。
エ 毎日ナットウを食べる。

17 次の(1)～(3)から、誤って使われている漢字一字をそれぞれ抜き出して書き、同じ読みの正しい漢字を楷書でそれぞれ書きなさい。〔2022長野〕

(1) 複数の実験結果を検当し、物体の素材を特定する。

(2) 緑化推進委員会では、全校生徒の創意工夫を収約し、生徒会活動に反映している。

(3) 非常時に備えた防災バッグを自作するために、型紙に合わせながら布を断つ。

Chapter 5

漢字・語句

熟語①

合格へのヒント

●「漢字の意味」と「熟語の構成」がわかれば、知らない熟語の意味を予想することもできる！

月　日

1 熟語の構成

❶ 似た意味の漢字を組み合わせたもの

例 岩石・幸福・柔軟・絵画・思考・尊敬・明朗

❷ 反対・対になる意味の漢字を組み合わせたもの

例 開閉・上下・有無・長短・終始・明暗・縦横

❸ 上の漢字が下の漢字を修飾するもの

例 青空・海水・急病・直行・強風・温泉・実話

青（い）空　直接行く

❹ 上の漢字が主語、下の漢字が述語になっているもの

例 雷鳴・私立・腹痛・骨折・市営・地震・人造

雷（が）鳴（る）　市（が）営（む）

❺ 下の漢字が上の漢字の目的や対象になっているもの

例 登山・読書・出場・発声・着陸・帰国・投球

山（に）登（る）…下から返って読める

❻ 上の漢字が下の漢字を打ち消すもの

例 無害・不明・未定・非情・否決

その他

例 耐性…上の漢字に意味を添えたもの

国連…長い言葉（国際連合）を縮めたもの

絶対おさえる！

☑ **熟語の構成を判断するためには、それぞれの漢字の意味を理解しておく必要がある。**

2 対義語（意味が反対、対になる語）

❶ 一字が共通、もう一字が反対であるもの

例 好評↔悪評…評が共通、好と悪が対義

客観↔主観　野党↔与党　往路↔復路

間接↔直接　軽視↔重視　長所↔短所

❷ 二字とも反対であるもの

例 単純↔複雑…単と複、純と雑がそれぞれ対義

延長↔短縮　前進↔後退　拡大↔縮小

温暖↔寒冷　上昇↔下降　解散↔集合

❸ 全体として反対であるもの

例 原因↔結果…それぞれの漢字自体は対義でない

一般↔特殊　理性↔感情　義務↔権利

安全↔危険　内容↔形式　具体↔抽象

❹ 打ち消しの字を含むもの

例 有効↔無効…無が打ち消しの意味をもつ

肯定↔否定　平凡↔非凡　是認↔否認

一定↔不定　可決↔否決　完全↔不全

絶対おさえる！

☑ **対義関係の熟語が複数存在する場合もあるため、**漢字そのものだけでなく、構成、意味・用法の微妙な違いなどにも着目しながら理解を深めるようにする。

3 類義語（意味が似ている語）

① 一字が共通、もう一字が似ているもの

例 永遠≒永久…永が共通、遠と久が類義

改善≒改良　格別≒特別　栄光≒栄誉
詳細≒委細　著名≒有名　判然≒歴然
回想≒追想　気質≒性質　失望≒失意

② 全体として似ているもの

例 音信≒消息　架空≒虚構　寄与≒貢献
寡黙≒無口　賛成≒同意　進歩≒発達
思慮≒分別　前途≒将来　重宝≒便利
賃金≒給料　納得≒承知　冷静≒沈着

基礎力チェック！

1. 熟語の構成が他と異なるものをそれぞれ一つずつ選び、記号で答えなさい。

① ア 永久　イ 徹夜　ウ 妨害　エ 豊富
② ア 卒業　イ 洗顔　ウ 停止　エ 握手
③ ア 休日　イ 和食　ウ 強風　エ 真偽
④ ア 比較　イ 損得　ウ 送迎　エ 男女
⑤ ア 日没　イ 頭痛　ウ 県営　エ 登校
⑥ ア 有無　イ 不安　ウ 未熟　エ 非力
⑦ ア 氷解　イ 特急　ウ 短大　エ 入試
⑧ ア 尊敬　イ 牛乳　ウ 出発　エ 恋愛
⑨ ア 開店　イ 着衣　ウ 年長　エ 出血
⑩ ア 蛇足　イ 杞憂　ウ 変換　エ 図示

2. 次の言葉の対義語を書きなさい。

① 安全　② 理想　③ 賛成　④ 収入
⑤ 供給　⑥ 軽率　⑦ 過去　⑧ 成功
⑨ 長所　⑩ 敗北　⑪ 寒流　⑫ 夏至

3. 次の言葉の類義語をあとからそれぞれ選び、漢字に直して答えなさい。

① 達人　② 処理　③ 計画　④ 才能
⑤ 突然　⑥ 案内　⑦ 不足　⑧ 努力
⑨ 身分　⑩ 製造　⑪ 遺品　⑫ 未開

ふい　しまつ　ちい　ゆうどう　かたみ
めいしゅ　そしつ　いと　けつぼう　げんし
きんべん　せいさん

4. 「兄」を①年齢で比べたとき、②性別で比べたときの対義語をそれぞれ漢字で書きなさい。

答え

1. ①イ ②ウ ③エ ④ア ⑤エ ⑥ア ⑦ア ⑧イ ⑨ウ ⑩ウ → 1参照
2. ①危険 ②現実 ③反対 ④支出 ⑤需要 ⑥慎重 ⑦未来（現在） ⑧失敗 ⑨短所 ⑩勝利 ⑪暖流 ⑫冬至 → 2参照
3. ①名手 ②始末 ③意図 ④素質 ⑤不意 ⑥誘導 ⑦欠乏 ⑧勤勉 ⑨地位 ⑩生産 ⑪形見 ⑫原始 → 3参照
4. ①弟 ②姉 → 2参照

確認問題

日付	／	／	／
○△×			

解答解説 別冊P7

1 獲得と同じ構成の熟語を、ア～エから選び、符号で書きなさい。［2018岐阜］

ア 覚悟　イ 断続　ウ 激突　エ 就職

2 次のうち、長靴と熟語の構成が同じものはどれか。一つ選びなさい。［2018大阪］

ア 洗顔　イ 白紙　ウ 広大　エ 非常

3 「確立」と、上下の文字の意味のつながり方が同じ熟語を、次のア～エから一つ選んで、その記号を書きなさい。［2018香川］

ア 苦楽　イ 円安　ウ 再現　エ 着席

4 「相互」と、上下の文字の意味のつながり方が同じ熟語を、次のア～エから一つ選んで、その記号を書きなさい。［2022香川］

ア 就職　イ 歓喜　ウ 必要　エ 温泉

5 次のア～エの――線部を漢字に直したとき、「緑茶」と熟語の構成が同じになるものを一つ選び、その漢字を書きなさい。［2021北海道］

ア じどうや生徒の健康を観察する。　イ ようもうからフェルトを作る。

ウ 兄と腕ずもうでしょうぶをする。　エ 湿気が多くてふかいに感じる。

6 「絵画」と、構成（組み立て、成り立ち）が同じ熟語を、次のア～オから一つ選び、その符号を書きなさい。［2019新潟］

ア 就職　イ 日没　ウ 相違　エ 倉庫　オ 非常

7 二字熟語のうち、述語＋目的語の順で構成されたものは、レ点をつけて漢文として読むことができる。（例 読レ書…書を読む。）そのような二字熟語を、次のア～エから一つ選び、記号で答えなさい。［2019島根］

ア 矛盾　イ 善意　ウ 開門　エ 逃走

8 「募金」の熟語の構成について最も適当なものを、次のア～エのうちから一つ選び、その記号を書きなさい。［2019大分］

ア 前と後の漢字が、主語と述語の関係になっている。
イ 前と後の漢字が、似た意味をもっている。
ウ 前の漢字が、後の漢字を修飾している。
エ 後の漢字が、前の漢字の目的や対象を表している。

9 報告の熟語の構成を説明したものとして最も適当なものを、次のⅠ群ア～エから一つ選びなさい。また、報告と同じ熟語の構成の熟語を、後のⅡ群カ～ケから一つ選びなさい。［2020京都］

Ⅰ群
ア 上の漢字が下の漢字を修飾している。
イ 上の漢字と下の漢字の意味が対になっている。
ウ 上の漢字と下の漢字が似た意味を持っている。
エ 上の漢字と下の漢字が主語・述語の関係になっている。

Ⅱ群
カ 添付　キ 脇道　ク 日没　ケ 緩急

10 「相違」と同じ構成（組み立て）の熟語を、次のア〜オから二つ選び、記号で答えなさい。

ア 意思　イ 急増　ウ 開幕　エ 仮定　オ 難易

［2020山口］

11 熟語の構成が他と異なるものを、ア〜オの中から一つ選びなさい。

［2022福島］

ア 両者　イ 語源　ウ 思想　エ 一端　オ 他方

12 次の——部と＝＝部とが反対の意味になるように、あとのア〜オの漢字を組み合わせてそれぞれ二字の熟語をつくります。このとき、■に用いない漢字を一つ選び、その記号を書きなさい。ただし、同じ漢字は一度しか用いません。

［2018埼玉］

> 私の提案は、説明が十分ではなかったために班員から■■されてしまった。しかし、根拠を明確にして丁寧に説明を重ねたら、今度は無事に■■を得ることができた。

ア 賛　イ 拒　ウ 諾　エ 否　オ 承

13 次の——部と＝＝部とが反対の意味になるように、あとのア〜オの漢字を組み合わせてそれぞれ二字の熟語をつくります。このとき、■に用いない漢字を一つ選び、その記号を書きなさい。ただし、同じ漢字は一度しか用いません。

［2022埼玉］

> あまり深く考えずに判断してしまうといった■■な行動をやめ、■■に構えて物事にじっくりと取り組むことが、今後の課題です。

ア 重　イ 審　ウ 率　エ 慎　オ 軽

---

14 次のア〜エそれぞれの熟語の組み合わせのうち、二つの熟語の関係が対義語となっているものを一つ選び、その記号を書きなさい。

［2018高知］

ア 倹約 — 節約　イ 恒久 — 永遠
ウ 質疑 — 応答　エ 消息 — 音信

15 「自然」の対義語を漢字二字で答えなさい。

［2018沖縄］

16 「進化」の対義語を漢字二字で答えなさい。

［2022沖縄］

17 「偶然」の対義語を漢字で答えなさい。

［2019山口］

18 「単純」の対義語を漢字で書きなさい。

［2020秋田］

19 「具体」と「抽象」の意味における関係と同じ関係にある語の組み合わせは、ア〜オのうちではどれですか。当てはまるものをすべて答えなさい。

［2018岡山］

ア 創造 — 模倣　イ 一般 — 普遍
ウ 促進 — 抑制　エ 計算 — 勘定
オ 熱中 — 没頭

20 「貢献」の類義語として最も適切なものを、次のア〜エのうちから一つ選び、その記号を書きなさい。

［2019福岡］

ア 介入　イ 寄与　ウ 躍動　エ 直結

Chapter 6

熟語②

漢字・語句

月　日

合格へのヒント

● 二字熟語と同じように分解してとらえよう。難しいときは「5 熟語①」を復習してみよう。

1 三字熟語（三字から成る熟語）

① 上の一字が下の二字の意味を打ち消しているもの

例 不条理…ものごとの筋が通らないこと。
非常識…常識から外れていること。
未解決…まだ解決していないこと。

② 上の一字が下の二字の意味を修飾しているもの

例 直談判…間に人をはさまず、直接会って談判する（話し合う）こと。
真骨頂…その人やものがもっている本来の姿。本領。
好敵手…ちょうどよい競争相手。ライバル。

③ 上の二字が下の一字の意味を修飾しているもの

例 消費税…ものやサービスなどの消費に課される税。
美術館…美術品を収集・保管・展示する施設。
世間体…世間に向けた体裁、体面。

④ 下の一字が接尾語（意味を添える）であるもの

例 近代化…封建的な価値観から、自由や合理性を重んじる価値観へ変化すること。
生産性…ものがどれだけ生産されるかについての度合いやそれ自体の性質。
先入観…はじめから頭の中に入っている思い込み。

⑤ 三字が対等の関係であるもの

例 序破急…物事のはじめ・なか・おわりのこと。
松竹梅…めでたいもの。ものごとの三つの階級。
衣食住…暮らしに最低限必要な基本となるもの。

2 四字熟語（四字から成る熟語）

四字熟語は、構成だけでなく、使われている漢字の観点からも分類することができる。

① 上の二字と下の二字が類義であるもの

例 公明正大…心が公明で堂々としている様子。
完全無欠…不足や欠点などがなく完璧である様子。
日進月歩…休みなく日々進歩していくこと。
悪戦苦闘…不利な状況でも努力をすること。

② 上の二字と下の二字が対義であるもの

例 半信半疑…半分は信じ、半分は疑うこと。
針小棒大…小さいことを大げさに話すこと。
大同小異…小さな違いだけで、ほとんど変わらないこと。
晴耕雨読…悠々自適な生活を送ること。

③ 上の二字が下の二字を修飾しているもの

例 前代未聞…これまでに聞いたことがないこと。
暗中模索…手がかりのない中で探し求める様子。
相乗効果…二つ以上の要因が重なってよい結果につながること。

④ 上の二字が主語、下の二字が述語になっているもの

例 大器晩成…すぐれた人は遅れて大成すること。
異口同音…たくさんの人が同じことを言うこと。
因果応報…行いの善悪に応じた報いがあること。
意味深長…深い意味が隠されていること。

⑤ 四字が対等の関係であるもの

例 起承転結…文章を書くときに四つの要素で構成する方法。
花鳥風月…自然の美しい景色。
春夏秋冬…春と夏と秋と冬。四季。
喜怒哀楽…喜びと怒りと哀しみと楽しみ。人の感情。

⑥ 漢数字が使われているもの

例 一朝一夕…短い期間・わずかな時間。
三拝九拝…何度も頭を下げて頼むこと。
七転八倒…苦しみのあまりのたうちまわること。
千差万別…たくさんのものが、それぞれ違っている様子。

⑦ 同じ漢字を重ねているもの

例 正々堂々…態度が正しくて立派である様子。
虚々実々…相手の弱点を突いてやり合うこと。
三々五々…数人が連れ立って同じことをする様子。

絶対おさえる！

☑ **三字熟語や四字熟語は、意味や成り立ちを理解しておくと間違えにくい。また、熟語はこまかく分解して意味を捉えるようにするとよい。**

基礎カチェック！

1. 次の□に「不・無・非・未」のいずれかを入れて、三字熟語を完成させなさい。
① □成年 ② □常識 ③ □制限
④ □親切 ⑤ □意識 ⑥ □発表

2. 次の意味に近い三字熟語をあとから選んで記号で答えなさい。
○ ありのままの姿。
ア 無造作 イ 醍醐味 ウ 等身大 エ 茶飯事

3. 次の四字熟語の二つの□に同じ漢字を入れて四字熟語を完成させなさい。
① 右□左□ ② □信□疑 ③ □画□賛
④ □材□所 ⑤ 以□伝□ ⑥ □朝□夕

4. 次の意味に近い四字熟語をあとから選んで漢字で書きなさい。
① 昔のことをよく研究して、新しい発見をすること。
② ものごとを思いきって判断すること。
③ 事情が変わり、突然解決に向かうこと。
④ ことばで言い表せないほどひどい様子。

きゅうてんちょっか　ごんごどうだん
おんこちしん　いっきょりょうとく
いっとうりょうだん　なんせんほくば

答え

1. ①未 ②非 ③無 ④不 ⑤無 ⑥未 → 1参照
2. ウ → 1参照
3. ①往 ②半 ③自 ④適 ⑤心 ⑥一 → 2参照
4. ①温故知新 ②一刀両断 ③急転直下 ④言語道断 → 2参照

確認問題

日付	○△×
／	
／	
／	

解答解説 別冊P8

1 利便性 は、二字の熟語に漢字一字の接尾語が付いて構成されている三字熟語である。利便性 と同じ構成の三字熟語が点線部（……）で用いられているものを、次のア～オからすべて選びなさい。

ア 不公平な決定を批判する。
イ あの人はあまりに悲観的だ。
ウ 集団の決まりを明文化する。
エ 人間にとって衣食住は大切だ。
オ その選手は無気力だった。

［2019京都］

2 次のア～エのうち、熟語の構成が他と異なるものを一つ選び、記号で答えなさい。

ア 新発売　イ 専門家　ウ 小細工　エ 高気圧

3 次の■に漢字一字をあてはめて、「今まで誰もしなかったことを初めてすること」という意味の三字熟語を完成させなさい。

○ 破■荒

4 うれしくなったり不安になったりする と同じ意味の四字熟語を、次のア～エから一つ選んで記号を書きなさい。

［2019秋田］

ア 優柔不断　イ 一喜一憂　ウ 朝三暮四　エ 意気消沈

5 脇目もふらず集中して を簡潔に表すために、四字熟語を使った表現にしたい。同じ意味になる四字熟語を使った表現として最も適切なものを、次のア～エの中から一つ選び、記号で答えなさい。

［2018静岡］

ア 悪戦苦闘して　イ 一心不乱に
ウ 一念発起して　エ 悠々自適に

6 「首都高速道路や東海道新幹線が開通するなどして、めざましく都市機能が発展し」の内容に近い状況を表す四字熟語として最も適当なものを、次のア～エのうちから一つ選び、その記号を書きなさい。

［2018福岡］

ア 日進月歩　イ 大器晩成
ウ 一進一退　エ 温故知新

7 「無我■中」が、「何かに心を奪われて、我を忘れること」という意味の四字熟語になるように、■に当てはまる最も適当な漢字一字を書きなさい。

［2018愛媛］

8 次の各文中の――線をつけた四字熟語の中で、使い方が正しくないものを、ア～オの中から一つ選びなさい。

［2019福島］

ア 美辞麗句を並べただけでは、人の心には響かない。
イ 話を最後まで聞けず、一部始終の理解にとどまった。
ウ どの提案も大同小異であり、よい解決策は出なかった。
エ 両チームとも互いに譲らず、一進一退の攻防が続いた。
オ 友人の助言を参考に、起承転結を意識しながら書き直した。

9 「深山幽谷」の「幽谷」の部分の読みを書きなさい。

［2019熊本］

10 次の文の――部と同じ意味を表す四字熟語として最も適切なものを、あとのア～エから一つ選び、その記号を書きなさい。［2019埼玉］

> 彼が直面している課題は、ほんの少しの間に解決できるような易しいものではない。

ア 一朝一夕　イ 縦横無尽
ウ 深謀遠慮　エ 日進月歩

11 「具体的に言えば、生態系における生命は、互いに食う食われるの□の関係にありつつ……」の空欄には四字熟語が入る。次の空欄に合うように漢字三字を書き、その語を完成させなさい。［2019兵庫］

□□□食

12 千差万別 の意味に最も近いものを、次のア～エから選び、記号で答えなさい。［2020富山］

ア 右往左往　イ 試行錯誤
ウ 多種多様　エ 千変万化

13 次のア～オの四字熟語のうち、「悪戦苦闘」のように、意味の似た二字熟語を重ねたものをすべて選び、記号で答えなさい。［2021鳥取］

ア 公明正大　イ 自画自賛　ウ 起承転結
エ 意気消沈　オ 唯一無二

14 次は、第二回の委員会で出されたスローガンの案である。四字熟語の本来の意味とスローガンに込められた思いが合致していないものを、次のア～エのうちから一つ選び、その記号を書きなさい。［2022大分］

	スローガン	スローガンに込めた思い
ア	一致団結	委員会のなかまやそれ以外の生徒とも目標を達成するために全員が協力する。
イ	一挙両得	一つのことを成し遂げるため、お互いの得意分野を生かしながら物事に取り組む。
ウ	切磋琢磨	活動の成功に向け、他の委員会の生徒とも励まし合ったり競い合ったりしながら努力する。
エ	勇猛果敢	目標を達成するために、失敗を恐れずさまざまな活動に思いきって取り組む。

15 「言動がでたらめで根拠のないこと」という意味をもつ四字熟語を、次のア～エから一つ選び、その記号を書きなさい。［2020高知］

ア 竜頭蛇尾　イ 深謀遠慮
ウ 虚々実々　エ 荒唐無稽

16 「その場その時に応じて適切な行動をとること」という意味の四字熟語として最も適当なものを、次のア～エの中から一つ選び、その記号を書きなさい。［2022愛媛］

ア 時期尚早　イ 品行方正
ウ 適材適所　エ 臨機応変

Chapter 7

漢字・語句

語句の知識

合格へのヒント

●ことわざ・慣用句は、実際に使う意識が大切！家族や友だちとの会話で使ってみよう。

月　日

1 ことわざ（古くから言い習わされてきた、教訓や風刺を含んだ短い言葉）

例 案ずるより産むが易《やす》し…あれこれ心配するよりも、実際にやってみるとたやすいものだ。

石の上にも三年…つらくても我慢していればいつか報われる。

急がば回れ…急《せ》いているときは、危ない近道よりも安全な遠回りをするほうがいい。 類 急いては事を仕損じる 対 善は急げ

魚心あれば水心…相手が自分に好意をもつならば、自分も相手に応える心づもりがある。

蛙《かえる》の子は蛙…平凡な親から産まれた子は、やはり平凡である。 類 瓜《うり》の蔓《つる》に茄子《なすび》はならぬ 対 鳶《とび》が鷹《たか》を生む

弘法《こうぼう》にも筆の誤り…極めた人でも、失敗することはある。 類 猿も木から落ちる・河童《かっぱ》の川流れ

情けは人のためならず…人に親切にすれば、やがて自分にもよい報いがある。

二兎《にと》を追うものは一兎をも得ず…同時に二つのものを得ようとすれば、どちらも手に入らない。 類 虻蜂《あぶはち》取らず

2 慣用句（二つ以上の言葉が結び付き、特別な意味を表す言葉）

❶ 体の一部を含むもの

例 頭…頭をひねる・頭をかかえる・頭が下がる

顔…顔が広い・顔が利《き》く・顔を立てる

目…目から鼻へ抜ける・目に余る・目が利く

鼻…鼻が高い・鼻にかける・鼻で笑う

耳…耳が痛い・耳が早い・耳にはさむ

口…口が軽い・口がすべる・口を割る

歯…歯が立たない・歯が浮く

手…手に余る・手も足も出ない・手を引く

肩…肩を落とす・肩を持つ・肩を入れる

足…足をのばす・足が出る・足が早い

❷ 生き物を含むもの

例 猫の額・猫をかぶる・飼い犬に手を噛《か》まれる・雀《すずめ》の涙

馬が合う・馬の骨・生き馬の目を抜く・虎の子・袋のねずみ

虫の息・虫の居所が悪い・藪《やぶ》をつついて蛇を出す

❸ その他

例 味を占める・油を売る・さじを投げる・息をのむ

気が置けない・気をもむ・けがの功名・図に乗る

そりが合わない・念を押す・乗りかかった船

破竹《はちく》の勢い・火の車・水を差す・我を忘れる

3 故事成語（中国の古典〔故事〕に由来する言葉）

例 悪事千里を走る…**悪い噂《うわさ》はすぐに知れ渡ってしまう。**中国北宋《ほくそう》の「北《ほく》夢《む》瑣《さ》言《げん》」に「好事は門を出《い》でず、悪事は千里を行く」とある。

圧巻…**もっともすぐれたところ。**中国の科挙試験で、最も成績の良かった答案を上に載せたことから。

臥薪嘗胆《がしんしょうたん》…**苦労を重ねて好機を待つ。**呉《ご》と越《えつ》の戦争に由来する。戦争に負けた苦しみを、薪《まき》の上で寝ることや熊の苦い胆《きも》をなめることで忘れないようにしたことから。

杞憂《きゆう》…**取り越し苦労。**かつて「杞」の国の人が、空が落ちてくることを「憂《うれ》」えたという話から。

呉越同舟《ごえつどうしゅう》…**仲の悪い者同士が、同じ目的のために一緒にいる。**呉と越は敵対国であった。

塞翁《さいおう》が馬…**人生の幸・不幸は予測できない。**中国北部の塞翁の逃げた馬が、優秀な馬を連れて戻ったことから。

他山の石…**他人の悪い言動も自分を磨く助けになる。**詩経に「他山の石、以《もっ》て玉をみがくべし」とある。

背水の陣…**一歩もあとには引けない状況で、全力で事にあたる。**「史記」にある漢の将軍韓信の作戦から。

守株《しゅしゅ》…**旧来の慣習にとらわれて進歩がない。**切り株に当たってうさぎが死んだのを見た農夫は、切り株を見守り続けたが、うさぎを捕まえられなかったことから。

絶対おさえる！

☑ **故事成語の意味は、言葉のもとになっているエピソードも簡単に覚えておくと理解しやすい。**

基礎力チェック！

1. 次のことわざ・慣用句と似た意味の言葉をあとから選びなさい。

① 尻馬に乗る　② 河童《かっぱ》の川流れ　③ 身から出たさび

ア 付和雷同《ふわらいどう》　イ 自業自得《じごうじとく》　ウ 泣《な》き面《つら》に蜂《はち》
エ 馬耳東風《ばじとうふう》　オ 弘法《こうぼう》にも筆の誤り

2. 次の文の内容に合う故事成語をあとから選びなさい。

① どうすればうまくいくのか、皆目、見当がつかない。
② 僕たちはお互い競い合いながらここまできた。

ア 矛盾《むじゅん》　イ 切磋琢磨《せっさたくま》　ウ 呉越同舟《ごえつどうしゅう》
エ 推敲《すいこう》　オ 玉石混淆《ぎょくせきこんこう》　カ 五里霧中《ごりむちゅう》

3. 次の空欄にあてはまる言葉として最も適切なものをあとから選び、記号で答えなさい。

① □ように計算して食材を購入する。
② まったく勉強していないのだから、五十点が□だ。
③ 遅刻厳禁と言っておきながら寝坊をしてしまい□。
④ 次から次へと課題を出され□。
⑤ 決勝戦まで勝ち進み、ライバルと□ときが来た。
⑥ 流暢《りゅうちょう》な英語のスピーチに□。

ア 関の山　イ 息つく暇もない
ウ 頭角を現す　エ 足が出ない
オ 立つ瀬がない　カ 舌を巻く
キ 一炊の夢　ク 雌雄を決する

答え

1. ①ア　②オ　③イ → 1・2参照
2. ①カ　②イ → 3参照
3. ①エ　②ア　③オ　④イ　⑤ク　⑥カ → 2・3参照

確認問題

日付	／	／	／
○△×			

解答解説 別冊P9

1 次の各文中の――線をつけた慣用句の中で、使い方が正しくないものを、ア〜オの中から一つ選びなさい。 〔2021福島〕

ア 先輩からかけられた言葉を心に刻む。
イ 現実の厳しさを知り襟を正す。
ウ 彼の日々の努力には頭が下がる。
エ 大切な思い出を棚に上げる。
オ 研究の成果が認められ胸を張る。

2 気が置けない の意味として、最も適するものを、次のア〜エから一つ選んで記号を書きなさい。 〔2018秋田〕

ア やる気がなくぼんやりしている
イ 気を使わなくてもよい
ウ 気を抜いてはいけない
エ 細かい点に気が付く

3 次の文の□に入れるのに最も適している言葉を、あとから一つ選びなさい。 〔2019大阪〕

(1) □鳥あとをにごさずという言葉があるように、卒業式の前に教室をきれいに掃除した。

ア 食う　イ 立つ　ウ 鳴く

(2) 友人が転校するという、藪《やぶ》から□の話に驚いた。

ア 声　イ 蛇　ウ 棒　エ 水

4 「固唾《かたず》を呑《の》む」の意味として最も適当なものを、次のア〜エの中から一つ選び、記号を書きなさい。 〔2019佐賀〕

ア 事のなりゆきがどうなるかと、じっとしているさま。
イ 人の弱みを見抜き、それにつけこもうとするさま。
ウ 他人の不幸を、人ごとでないと感じているさま。
エ 裏切られた思いで、ひどく落ち込んでいるさま。

5 身を縮める　とはどのような様子を表していますか。次のア〜エのうちから最も適当なものを一つ選び、その記号を書きなさい。 〔2020岩手〕

ア 目立たないために、みすぼらしくする様子。
イ 恐れなどから、体や心を小さくさせる様子。
ウ 苦労などいとわずに、一心につとめる様子。
エ 自分を犠牲にして、人のために尽くす様子。

6 （　）に入る慣用句として最も適切なものはどれか。 〔2020栃木〕

> Aさん「この句は、作者がスケート場で靴の紐《ひも》を結びながら少年の頃を思い出し、早くスケートをしたいというわくわくした心情を詠《よ》んだものだそうだよ。」
> Bさん「作者の（　）ような心情やその場の情景が想像できるね。作品や作者についてよく調べることが俳句の鑑賞では大切なことだね。」

ア 胸が躍る　イ 肝を冷やす
ウ 舌を巻く　エ 目が泳ぐ

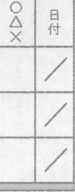

7 「十分な結果として現れた」を簡潔に表すために、慣用句を使った表現にしたい。ほぼ同じ意味を表すように（　）に適切な漢字一字を入れて慣用句を完成させなさい。［2022静岡］

（　）を結んだ

8 「辛抱強く続けていくうちに少しずつ技術が上達し、最終的には、イタリアの人々に認めてもらうことができました。ことわざで言えば『□』ですね。」の中の□にあてはまる言葉として、最も適切なものを、次のア～エから一つ選び、記号で答えなさい。［2019宮城］

ア 石の上にも三年　イ 一を聞いて十を知る
ウ のれんに腕押し　エ 立て板に水

9 次の会話は、和歌子さんが小学校時代の先生と再会したときのやりとりの一部です。これを読んで、あとの問いに答えなさい。［2018和歌山］

和歌子「泳ぎはお得意なのですか。」
先　生「昔は市の水泳大会で優勝したこともあるんだよ。今でも背泳ぎは得意だよ。 a でね。」
和歌子「水泳教室で教えること以外に、何か仕事をお持ちですか。」
先　生「家で農業もしているよ。この夏は作物が動物に荒らされて困ったよ。」
和歌子「防ぐ方法はなかったのですか。」
先　生「柵で囲ったら柵をのぼって入ってくるし、網をかけたら土を掘って入ってくるし、いくら対策をしても b だよ。」

会話文中の a 、 b にあてはまる最も適切な表現を、それぞれア～エの中から一つずつ選び、その記号を書きなさい。

a　ア 立て板に水　イ 昔とった杵柄《きねづか》
　　ウ 河童《かっぱ》の川流れ　エ まないたの鯉《こい》
b　ア 捕らぬ狸《たぬき》の皮算用　イ 鬼に金棒
　　ウ いたちごっこ　エ 蛙《かえる》の子は蛙

10 「□ごなし」が、「相手の言い分をよく聞かず、最初から一方的にものを言うこと」という意味の言葉になるように、□にあてはまる最も適当な、体の一部を表す漢字一字を書きなさい。［2022愛媛］

11 「杞憂《きゆう》」の意味として適切なものを、次のア～エから一つ選び、記号で答えなさい。［2021石川］

ア 丁寧な観察　イ 単純な誤解
ウ 明確な理解　エ 無用な心配

12 次の【会話】の□に入る言葉として、最も適切なものを、ア～エの中から選んで、その記号を書きなさい。［2021茨城］

【会話】
山田　昨日のテレビの最終回、すごくおもしろかったね。
大野　そうだね。最後のシーンがなければ、もっと想像が膨らんでよかったと思うな。
山田　たしかに、あのシーンは□だったね。

ア 圧巻　イ 余地　ウ 蛇足　エ 推敲《すいこう》

Chapter 8

文法

文・文節

合格へのヒント

● 文節どうしの関係は、読解でも役立つ。傍線部や設問文の正確な理解につながる！

月　日

1 言葉の単位

❶ 文章（談話）→段落

例 一つのまとまりのある内容を文字で書き表したものを文章、音声で表されたものを談話という。

文章を内容のまとまりごとに区切ったものを段落という。

段落の初めは改行し、一字下げる。

（文章）（段落）

❷ 文→文節→単語

文…句点「。」で区切られた一続きの言葉。

文節…音声や意味が不自然にならない範囲で文を短く区切ったまとまり。文中に「ネ・サ・ヨ」などを入れると切れ目がわかりやすい。

単語…文節をさらに細かく分けた言葉の最小単位。

例 この／犬／の／名前／は／タロー／です／。

（単語の区切り）（文節の区切り）（文の区切り）

絶対おさえる！

☑「綱引き（綱＋引き）」「期末テスト（期末＋テスト）」など、**二つ以上の単語が結び付いて別の意味を表す言葉**を**複合語**といい、全体で**一単語**である。

2 文節どうしの関係

❶ 主語・述語の関係

主語…「何が」「誰が」にあたる文節。「〜は」「〜も」などの場合もある。

述語…「どうする」「どんなだ」「何だ」「ある・いる」「ない」にあたる文節。

例 犬が（＝主語） 走る。（＝述語）

※主語の中心となる単語を体言、それだけで述語となる単語を用言という。

❷ 修飾・被修飾の関係

修飾語…他の文節を詳しくしたり、内容を補ったりする働き。

例 白い（＝修飾語（どのような）） 犬が 元気に（＝修飾語（どのように）） 走る。

❸ 接続の関係

接続語…文と文、文節と文節をつなぐ働き。

例 暗かった。だから、電気をつけた。（理由）

暗かった。しかし、電気はつけなかった。（逆接）

暗かったので、電気をつけた。（理由）

暗かったら、電気をつけてください。（条件）

❹ 独立の関係

独立語…他の文節と直接関係がなく、独立している。

例 おはよう、いい天気だね。（あいさつ）
田中《たなか》さん、今いいですか。（呼びかけ）
謙虚さ、それが何より必要だ。（提示）
いいえ、違います。（応答）

❺ 並立の関係

二つ以上の文節が対等な関係で並ぶ。

例 じゃがいもと にんじんを 買った。
（並立）（修飾部）
※言葉の前後を入れ替えても意味が変わらない。

❻ 補助の関係

主な意味を表す文節と意味を補う文節のまとまり。

例 台風が 近づいて いる。（補助）（述部）
寒く ない 朝。（補助）（修飾部）

※二つ以上の文節がまとまって、主語や述語などと同じ働きをするものを連文節という。連文節となった文の成分は、主部・述部・修飾部・接続部・独立部となる。❺❻の関係は常に連文節となる。

絶対おさえる！

☑ **主・述の関係を捉えるには、まず述語を探し、次に「そうするのは何か（誰か）」を手がかりとして主語を探す。**

基礎カチェック！

1. 次の文の文節の数を答えなさい。
① 私の弟は水泳が得意だ。
② 庭にきれいな花が咲いている。
③ ロケットの打ち上げについに成功した。

2. 次の文の主語と述語をそれぞれ一文節で答えなさい。主語がない場合は「なし」と答えなさい。
① この町も ずいぶん 変わった。
② 地球温暖化に ついて もっと 知りたいと 思った。
③ 今までの 苦労が すべて 水の 泡に なった。

3. 次の文から接続語または独立語を一文節で抜き出しなさい。
① えっ、それは初耳だ。
② 自転車あるいは徒歩でお越しください。
③ 毎日練習したのでとてもうまくなった。

4. 次の――線部の文節どうしの関係をあとから選びなさい。
① あの 店の パンは、安くて おいしい。
② 放課後の 静かな 図書室で 一人 本を 読む。
③ 弟に お菓子を 買って あげた。
④ 私たちの 中学校は 坂の 上に ある。
⑤ 川に 大きな カメも いる。
⑥ この 本は それほど 新しく ない。

ア 主語・述語の関係　イ 修飾・被修飾の関係
ウ 並立の関係　エ 補助の関係

答え

1. ①4 ②5 ③4 → 1 ❷ 参照
2. ①（主語）町も （述語）変わった ②（主語）なし （述語）思った
③（主語）苦労が （述語）なった → 2 ❶ 参照
3. ①えっ ②あるいは ③練習したので → 2 ❸❹ 参照
4. ①ウ ②イ ③エ ④ア ⑤ア ⑥エ → 2 ❷ 参照

確認問題

日付	○△×
／	
／	
／	

解答解説 別冊P9

1 次の文と、文節の数が同じ文を、あとのア〜エから一つ選び、その符号を書きなさい。【2022新潟】

○ 休日に図書館で本を借りる。

ア 虫の音に秋の気配を感じる。　イ こまやかな配慮に感謝する。

ウ あの山の向こうに海がある。　エ 風が入るように窓を開ける。

2 「水平線には伊豆半島の明かりが見えている。」を文節に区切ると何文節になるか。漢数字で書きなさい。【2022福井】

3 予定よりもずっと早い列車で帰ることになる。という、一文はいくつの文節から成っているか。文節の数を書きなさい。【2020佐賀】

4 「龍之介は赤くなって信司の口を押さえた」は、いくつの文節に分けられるか。次のア〜エから最も適当なものを一つ選び、その記号を書きなさい。【2022三重】

ア 五　イ 六　ウ 七　エ 八

5 次の文を文節で分けたとき、いくつに分かれるか、その数を漢数字で答えなさい。【2020島根】

○ この土地が、今日から家族の新しく住む土地になる。

6 「二つの面で質的な違いがあります」を文節に区切ったものとして最も適当なものを、次のア〜エの中から一つ選び、その記号を書きなさい。【2021愛媛】

ア 二つの面で／質的な違いが／あります

イ 二つの／面で／質的な違いが／あり／ます

ウ 二つの／面で／質的な／違いが／あります

エ 二つ／の／面／で／質的な／違い／が／あり／ます

7 「ひたすら生地を練る親父《おやじ》の懸命さが一体どこから来るのか俺には疑問だった。」の「ひたすら」が直接かかるのはどの言葉か、一文節で抜き出して書きなさい。【2022石川】

8 「ふと何かの拍子に思い返してはっとするということが多いのです。」の、「ふと」が修飾している部分を次から一つ選びなさい。【2022大阪】

ア 何かの　イ 思い返して　ウ 多いのです

9 「おそらく、それくらいのことは、ある程度長く人生を歩んできた人ならご存じだろう。」の、——線部が直接かかる部分はどれか。次のア〜エから一つ選び、その記号を書きなさい。【2019奈良】

ア それくらいのことは　イ ある程度長く

ウ 人生を歩んできた人なら　エ ご存じだろう

10 「まったく、臆する様子も見せずに朗読を続ける。」の「まったく」は、どの言葉を修飾しているか。最も適切なものを、ア〜エから選び、符号で書きなさい。【2021岐阜】

ア 臆する　イ 見せずに　ウ 朗読を　エ 続ける

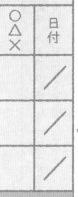

11 次の文の——線部の文節どうしの関係と同じものを、ア〜エから一つ選びなさい。〔2020徳島〕

○ バスが　ゆっくりと　出発する。

ア　帰りに　ケーキと　花を　買う。

イ　かごの　中で　ネコが　寝て　いる。

ウ　星が　きれいに　光る。

エ　にぎやかな　声が　聞こえる。

12 身近でなじみ深い　の「身近で」と「なじみ深い」の文節どうしの関係を、次のア〜エから一つ選んで記号を書きなさい。〔2022秋田〕

ア　主語・述語の関係　　イ　修飾・被修飾の関係

ウ　補助の関係　　エ　並立の関係

13 考えてみたい　の「考えて」と「みたい」の関係を、次のア〜エの中から一つ選び、その記号を書きなさい。〔2018青森〕

ア　主語・述語の関係　　イ　修飾・被修飾の関係

ウ　並立の関係　　エ　補助の関係

14 「わたしの関心は、自然に対する研究が生み出した近代の科学技術が、どうして人間の行為によって自然の破壊をもたらすのかということに向かっていたから、アリストテレスの思考の中で、自然に対する研究と人間社会に対する研究とがどのようにつながっているかをテーマに研究を進めた。」の「わたしの関心は」の述部に当たる二文節を、文中からそのまま抜き出して書きなさい。〔2020愛媛〕

15 次の——部と═部の関係が主・述の関係になっているものを、ア〜エの中から一つ選び、その記号を書きなさい。〔2020埼玉〕

> 先週末、友達と映画館に　行った。（ア）チケットを購入した後、飲み物と　食べ物を買った。（イ）映画はとても感動的で、一緒に行った友達も　泣いていた。（ウ）映画を鑑賞し終わった後、記念にパンフレットを　買った。（エ）

16 「上部に浮きあがった無数のクレーターが、月の肌を、雨がふって乾いたあとの砂地のように見せていた。」の述語に対する主語を、文中から一文節で書き抜きなさい。〔2020山口〕

17 「『花を飾るより』と言われることで、小さな可愛《かわい》らしい靴のイメージが、美しい花のように咲くのです。」の主語にあたる文節はどれですか。そのまま抜き出して書きなさい。〔2021岩手〕

18 ⑴、⑵の文は、——線部と═線部との言葉の関係が不適切です。この文の内容を変えないように、═線部を適切に書き直しなさい。〔2019北海道〕

⑴　私の夢は、多くの人を感動させられるようなピアニストになりたい。

⑵　たとえ遠くに離れた土地で暮らしたなら、故郷のことは決して忘れない。

Chapter 9

文法 単語

合格へのヒント

● この単元は単元10～16の導入部分！ ここをきちんと理解してから、次に進もう。

月　日

1 自立語と付属語

❶ **自立語**…**その語だけで一つの文節をつくる**ことができ、必ず文節のはじめにある。

❷ **付属語**…その語だけでは文節をつくることができず、必ず**自立語のあとについて文節をつくる。**

例 赤い屋根の家がある。

↓ 文節に分ける

赤い／屋根の／家が／ある。

↓ 単語に分ける

赤い（自）／屋根（自）／の（付）／家（自）／が（付）／ある。（自）

2 活用

あとに続く単語によって、**単語の終わりの部分が規則的に変わること。** 活用しても形が変わらない部分を語幹、変わる部分を活用語尾という。

例 赤い

語幹	活用語尾	
赤	かろ	―う
赤	かっ	―た
赤	く	―て
赤	い	―。
赤	い	―とき
赤	けれ	―ば

3 用言と体言

❶ **用言**…自立語のなかで、**活用があり、述語になる**ことができる単語。

例 走る・話す・遊ぶ・笑う・飛ぶ・行く・ある
美しい・かわいい・高い・安い・冷たい・柔らかい
静かだ・平和だ・元気だ・立派だ・さわやかだ

❷ **体言**…**自立語**のなかで、**活用がなく、主語になる**ことができる単語。

例 私・お父さん・妹・自動車・りんご・山・花・天気

4 品詞

単語は、全部で十種類に分類することができる。

	自立語	付属語
活用あり	動詞 形容詞 形容動詞	助動詞
活用なし	名詞 副詞 連体詞 接続詞 感動詞	助詞

品詞分類表

- 単語
  - 自立語
    - 活用する
      - 述語（用言）
        - 言い切りの形がウ段でおわる → 動詞
        - 言い切りの形が「い」でおわる → 形容詞
        - 言い切りの形が「だ・です」でおわる → 形容動詞
    - 活用しない
      - 主語（体言） → 名詞
      - 修飾語
        - 用言などを修飾 → 副詞
        - 体言を修飾 → 連体詞
      - 接続語 → 接続詞
      - 独立語 → 感動詞
  - 付属語
    - 活用する → 助動詞
    - 活用しない → 助詞

※実際の入試問題では、文を単語に分ける問題、品詞を問う問題が多く扱われる。

絶対おさえる！

☑ **文節から単語に分ける練習、それぞれのはたらきにしたがって単語を分類する練習を重ねよう。**

基礎力チェック！

1. 次の文の単語の数を漢数字で書きなさい。
① 赤ちゃんが笑う。
② 自分の名前を丁寧に書く。
③ 国語辞典で言葉の意味を調べる。
④ 運動会は来月の二十日に行われます。
⑤ 大きな鳥が空を飛んでいる。

2. 次の文中から自立語をそのまま抜き出して書きなさい。
① 私たちの学校へぜひ来てください。
② 来週の火曜日、一緒に水族館へ行こう。
③ あの花の名前は何ですか。

3. 次の文中の活用する単語の数を漢数字で書きなさい。
① もっと大きいケーキを食べたい。
② 夜空に星がきらきらと輝いている。
③ 平和な世界になることを願う。

4. 次の文に用いられている品詞をすべて選び、記号で答えなさい。
○国語の授業で新しい漢字を習う。
ア 名詞　イ 動詞　ウ 形容詞　エ 形容動詞
オ 副詞　カ 連体詞　キ 感動詞　ク 接続詞
ケ 助詞　コ 助動詞

答え

1. ①三 ②六 ③七 ④九 ⑤八 → 1参照
2. ①私たち・学校・ぜひ・来・ください ②来週・火曜日・一緒に・水族館・行こ ③あの・花・名前・何 → 1参照
3. ①三 ②二 ③三 → 1・3参照
4. ア・イ・ウ・ケ → 4参照

確認問題

日付	○△×
／	
／	
／	

解答解説 ⇒ 別冊P10

1 他の誰かなのかは知らないが にある自立語の数を、数字で書きなさい。 〔2018兵庫〕

2 結構起きています の中から自立語をすべて抜き出して書きなさい。 〔2018佐賀〕

3 「恐れない者の前に道は開ける」には、付属語がいくつあるか。数字で答えなさい。 〔2018熊本〕

4 必死に唇を噛んで我慢した を単語に区切り、切れる箇所に／の記号を書きなさい。 〔2021福岡〕

5 「メガネをかけて帰ってくる」は、いくつの単語に分けられるか。次のア～エから最も適当なものを一つ選び、その記号を書きなさい。 〔2020三重〕

ア 四　イ 五　ウ 六　エ 七

6 「世界はさらに広がっていきます」は、いくつの単語でできているか。単語数を書きなさい。 〔2020長野〕

7 次の文中の傍線を付けた語の品詞は何か。 〔2020大阪〕

○ おいしそうな匂いが、部屋いっぱいに広がる。

ア 名詞　イ 動詞　ウ 形容詞　エ 形容動詞

8 「伝えられた」を単語に区切ったものとして適当なものを次から一つ選び、その記号を書きなさい。 〔2019長崎〕

ア 伝え／られた
イ 伝え／ら／れた
ウ 伝え／られ／た
エ 伝えら／れ／た

9 ますます増えています を単語に分け、次の〈例〉にならって、それぞれの語の品詞を示したものとして最も適当なものを、後のア～エから一つ選びなさい。 〔2022京都〕

〈例〉日は昇る…（答）名詞＋助詞＋動詞

ア 副詞＋動詞＋助詞＋動詞
イ 副詞＋動詞＋助詞＋動詞＋助動詞
ウ 連体詞＋動詞＋助詞＋動詞
エ 連体詞＋動詞＋助詞＋動詞＋助動詞

10 もちろん断られるだろう は、どのような品詞の語で組み立てられているか、用いられている単語の品詞を、次のア～オからすべて選びなさい。 〔2020京都〕

ア 動詞　イ 副詞　ウ 連体詞
エ 助動詞　オ 助詞

11 「説明し」の品詞を、次のア〜エから一つ選び、記号で答えなさい。［2020宮崎］

ア 名詞　イ 動詞　ウ 形容詞　エ 形容動詞

12 「あえて選択肢を減らすことで……」の あえて の品詞は何か。次のア〜エから最も適当なものを一つ選んで、その記号を書きなさい。［2020香川］

ア 動詞　イ 連体詞　ウ 副詞　エ 接続詞

13 丁寧に と同じ品詞のものを、次のア〜エの中から一つ選んで、その記号を書きなさい。［2018茨城］

ア 彼は貴重な人材だ。
イ 彼らは悲しみにくれている。
ウ 私は困っている人を助けたい。
エ 彼女は明るい性格だ。

14 ア〜エの――をつけた語のうち、一つだけ他と品詞の異なるものがある。一つ選びなさい。［2018大阪］

ア かつて写真は、時間の流れをせき止め、……
イ そんなことが不思議なほどわかってしまうのである。
ウ まさにこの世界なのである。
エ ひたすら自己展開していくデジタルテクノロジーは……

15 次の中から、他と品詞の異なるものを選び、記号で答えなさい。

ア 彼女の美しさは他に類を見ない。
イ 朝日があたりをまぶしく照らす。
ウ 白い雪がしんしんと降り積もる。
エ 円い出窓から女の子が顔をのぞかせる。

16 次の文中の傍線を付けた語の品詞はそれぞれ何か。あとから一つずつ選びなさい。［2019大阪・改］

五年ほど前のある(1)晴れた午後、私は、見たことが(2)ないほど美しい景色に出会った。

(1) ア 動詞　イ 副詞　ウ 連体詞　エ 助動詞
(2) ア 動詞　イ 形容詞　ウ 助詞　エ 助動詞

17 人の心の①支えとなり・②ある時点から爆発的に増殖する の品詞として最も適当なものを、Ⅰ群のア〜エからそれぞれ一つずつ選べ。また、支え・ある と同じ品詞で、支え・ある がそれぞれ用いられているものを、後のⅡ群カ〜ケから一つ選びなさい。［2019京都］

Ⅰ群　ア 副詞　イ 連体詞　ウ 名詞　エ 動詞

Ⅱ群
カ ある歴史的建造物は、とても太い柱で支えられていた。
キ いつか故郷にある介護施設で、お年寄りの生活を支えたい。
ク 支えを求める人に応えることは、重要なことである。
ケ 周囲の人々の支えがあったことに、ある日気がついた。

18 「いつも」と品詞が同じものはどれか。次のア〜エから最も適当なものを一つ選び、その記号を書きなさい。

ア おかしな　イ ざっと
ウ つまらなく　エ にぎやかに

Chapter 10

文法 活用のある自立語①

1 動詞

① 動詞の性質

・単独で述語になり、物事の動作・存在・作用を表す。
・自立語で活用がある用言。
・言い切りの形はウ段の音で終わる。

② 動詞の活用形

未然形・連用形・終止形・連体形・仮定形・命令形の六つ。
活用形を見分けるには、単語のあとに次のような語が続くかで判断する。

未然形	連用形	終止形	連体形	仮定形	命令形
ない う・よう	ます た・て	言い切りの形	とき・ので	ば	命令して 言い切る

③ 活用の種類

動詞のあとに打ち消しの助動詞「ない」をつけて判断する。

① 五段活用…「ない」をつけると直前の音がア段になる。
例 読む＋ない→読まない

基本形	語幹	未然形	連用形	終止形	連体形	仮定形	命令形
読む	よ・も	ま	み・ん	む	む	め	め

② 上一段活用…「ない」をつけると直前の音がイ段になる。
例 いる＋ない→いない

基本形	語幹	未然形	連用形	終止形	連体形	仮定形	命令形
いる	○	い	い	いる	いる	いれ	いろ・いよ

③ 下一段活用…「ない」をつけると直前の音がエ段になる。
例 集める＋ない→集めない

基本形	語幹	未然形	連用形	終止形	連体形	仮定形	命令形
集める	あつ	め	め	める	める	めれ	めろ・めよ

④ カ行変格活用…「来る」の一語のみ。

基本形	語幹	未然形	連用形	終止形	連体形	仮定形	命令形
来る	○	こ	き	くる	くる	くれ	こい

⑤ サ行変格活用…「する」「―する」のみ。

基本形	語幹	未然形	連用形	終止形	連体形	仮定形	命令形
する	○	さ・し・せ	し	する	する	すれ	しろ・せよ

絶対おさえる！

☑ **活用の種類は、「ない」をつけて直前の音で見分ける。ア段→五段活用、イ段→上一段活用、エ段→下一段活用。**

④ 五段活用動詞の音便

五段活用動詞の連用形が、「た・だ・て・で」等に続く場合、活用語尾が「い・っ・ん」の音に変化することを音便と呼ぶ。

① イ音便 例 書きます→書いた・書いて
② 促音便 例 立ちます→立った・立って
③ 撥音便《はつおん》 例 飛びます→飛んだ・飛んで

合格へのヒント

● ことばの活用のしくみを理解しよう。
● 活用形ごとに「下に続く語」を覚えよう！

月　日

⑤ 自動詞と他動詞

① 自動詞…主語自体の動作や作用を表し、「〜を」という言葉を必要としない。

例 ドアがしまる。紙飛行機が飛ぶ。

② 他動詞…主語が別のものに働きかける動作や作用を表し、「〜を」という言葉を必要とする。

例 ドアをしめる。紙飛行機を飛ばす。

⑥ 可能動詞と補助動詞

① 可能動詞…「…できる」という可能の意味をもつ動詞。

例 遊べる・読める・走れる

② 補助動詞…上の言葉を補う働きをもち、動詞本来の意味がうすれている動詞。直前に「て・で」をともなう。

例 置いてある・助けてもらう・走っていく・喜んでくれる

絶対おさえる!

☑ **補助動詞は直前に「〜て（で）」という形をともない、主にひらがなで表記されるが、あくまで単独で一文節となる動詞である。**

基礎カチェック!

1. 次の単語の中から自立語を選びなさい。

① はい ② らしい ③ ぼく ④ 少しも
⑤ こそ ⑥ 冷たい ⑦ 主に ⑧ 見学する

2. 次の自立語の中から用言を選びなさい。

① 寒い ② しかし ③ まったく ④ きれいだ
⑤ 常に ⑥ 小さな ⑦ 励む ⑧ つまり

3. 次の用言の中から動詞を選びなさい。

① 悲しい ② ある ③ 面白い ④ 大きい
⑤ 親切だ ⑥ 切ない ⑦ 造る ⑧ 学習する

4. 次の動詞から他動詞をそれぞれ選びなさい。

① ア 開ける イ 開く
② ア 集まる イ 集める
③ ア 助かる イ 助ける
④ ア 建てる イ 建つ

5. 次の動詞の活用の種類を書きなさい。

① 読む ② 来る ③ 寝る ④ 賛成する
⑤ 似る

6. 次の文から補助動詞を抜き出して書きなさい。

① 荷物を持ってあげる。
② 黒板に書いてある。
③ おかしを買ってやる。
④ 道で転んでしまう。

答え

1. ①・③・④・⑥・⑦・⑧ → 1 参照
2. ①・④・⑦ → 1 参照
3. ②・⑦・⑧ → 1 参照
4. ①ア ②イ ③イ ④ア → 1 ⑤ 参照
5. ①五段活用 ②カ行変格活用 ③下一段活用 ④サ行変格活用 ⑤上一段活用 → 1 ③ 参照
6. ①あげる ②ある ③やる ④しまう → 1 ⑥ 参照

確認問題

日付	/	/	/
○△×			

解答解説 別冊P11

1 「ア確認して」、「イ言えば」、「ウ使いながら」、「エぶつけて」、「オなります」の──線をつけた五つの動詞のうち、活用形が他と異なるものを一つ選び、記号で答えなさい。
［2022福島］

2 「はずし」は動詞であるが、その活用形として最も適当なものを、次のア〜エから一つ選び、記号で答えなさい。
［2022三重］

ア 未然形　イ 連用形　ウ 連体形　エ 仮定形

3 「合わせる」の活用の種類を次のア〜エから一つ選び、記号で答えなさい。
［2022高知］

ア 五段活用　イ 上一段活用
ウ 下一段活用　エ サ行変格活用

4 他動詞が含まれている文として最も適当なものを、次のア〜エから一つ選び、記号で答えなさい。
［2022宮崎］

ア 私は本を片づける。　イ 花が美しく咲く。
ウ 私は彼より足が速い。　エ 私は椅子に座る。

5 動詞「続ける」の活用の種類を書きなさい。
［2022熊本］

6 次の──線の動詞と活用の種類が同じものを、あとのア〜エの文の──線部から一つ選び、記号で答えなさい。
［2021埼玉］

方位磁針が北の方向を指している。

ア 詳細は一つ一つ確認をしてから記入する。
イ 好きな小説の文体をまねて文章を書いた。
ウ 思いのほか大きな声で笑ってしまった。
エ 普段からの努力を信じて本番に臨む。

7 次の文中の「起きる」と活用の種類が同じ動詞を、あとのア〜エの文の──線部から一つ選び、記号で答えなさい。
［2021新潟］

朝起きると、すぐに散歩に出かけた。

ア 目を閉じると、次第に気持ちが穏やかになった。
イ 家に帰ると、妹と弟が部屋の掃除をしていた。
ウ 山を眺めると、頂上に白い雲がかかっていた。
エ 姉が来ると、家がいつもよりにぎやかになった。

8 ア「戦う」、イ「超える」、ウ「置く」、エ「残る」、オ「こらす」の動詞の中には、活用の種類が一つだけ他と異なるものがある。それはどれか。記号で答えなさい。
［2021静岡］

9 次の文の──線部と動詞の活用形が同じものを、あとのア〜エから一つ選び、記号で答えなさい。
［2021徳島］

毎朝、新聞を読みます。

ア 本屋に行くときに友達に会った。
イ 冬の夜空には多くの星が見える。
ウ 市役所を経由してバスが来た。
エ 雨がやめば外は明るくなるだろう。

10 **「動か」は動詞であるが、これと同じ活用形であるものを、次のア～エから一つ選び、記号で答えなさい。**［2021山口］

ア 参考として君の意見を聞きたい。
イ 明日はサッカーの練習に行こう。
ウ 博物館には二十分歩けば着く。
エ これから彼は友人に会うらしい。

11 **「生き」は動詞であるが、これと同じ活用の種類の動詞を含むものを次のア～エから一つ選び、記号で答えなさい。**［2021岐阜］

ア 弟はいつも家で学校のことを楽しそうに話す。
イ 白い鳥が春の温かい日光を浴びる。
ウ 友人から急に相談を受ける。
エ 妹は自分の部屋で毎日読書をする。

12 **「煮る」と活用の種類が同じ動詞を、次のア～エから一つ選び、記号で答えなさい。**

ア 試みる　イ 笑う　ウ 食べる　エ 努力する

13 **動詞「逃げる」の活用の種類を書きなさい。**［2020秋田］

14 **次の文中の――線部の動詞の(1)活用の種類と、(2)活用形を、あとから一つずつ選び、記号で答えなさい。**［2020滋賀］

「ありがとう、友よ。」二人同時に言い、ひしと抱き合い、それからうれし泣きにおいおい声を放って泣いた。

（太宰治《だざいおさむ》『走れメロス』による。）

(1) 活用の種類
ア 五段活用　イ 上一段活用　ウ 下一段活用
エ カ行変格活用　オ サ行変格活用

(2) 活用形
ア 未然形　イ 連用形　ウ 終止形
エ 連体形　オ 仮定形　カ 命令形

15 **動詞「注目する」の活用の種類を、次のア～エから一つ選び、記号で答えなさい。**［2019高知］

ア 五段活用　イ 上一段活用
ウ 下一段活用　エ サ行変格活用

16 **次の文中の「見る」と活用の種類が同じ動詞を、あとのア～エの文の――線部から一つ選び、記号で答えなさい。**［2018埼玉］

遠くの景色を見る。

ア 本を読むときは部屋を明るくする。
イ 不要な物を捨てれば物置が片付く。
ウ 次の休日には犬と一緒に来よう。
エ 毎朝六時に起きてラジオを聞く。

17 **次の文中の――線部の動詞の活用形を漢字で書きなさい。**［2020佐賀］

明日のパーティーにあなたも来ませんか。

Chapter 11

文法

活用のある自立語②

合格へのヒント

● 形容詞・形容動詞の識別は頻出！
他の品詞との見分け方を覚えておこう。

月　日

1 形容詞・形容動詞の性質

❶ 形容詞・形容動詞の性質

・単独で述語になり、物事の性質や状態を表す。
・自立語で活用がある用言。
・形容詞は言い切りの形は「い」で終わり、形容動詞は言い切りの形が「だ・です」で終わる。

絶対おさえる！

☑ **言い切りがウ段の音になるのは動詞、「い」になるのは形容詞、「だ・です」になるのは形容動詞。**

2 形容詞

❶ 形容詞の活用

活用形	基本形	語幹	未然形	連用形	終止形	連体形	仮定形	命令形
主な続き方			う	た・ない・なる	。	とき・ので	ば	。
形容詞	大きい	大き	かろ	かっ・く・う	い	い	けれ	○

形容詞には命令形がない。

❷ 形容詞の音便

形容詞の連用形「く」が、「ございます・存じます」等に続く場合、「う」の音に変化することをウ音便と呼ぶ。

例 明るくございます→明るうございます
　重くございます→重うございます

「く」が「う」になるだけでなく、語幹の一部が変化する場合もある。

例 楽しくございます→楽しゅうございます
　うれしく存じます→うれしゅう存じます

❸ 補助形容詞（形式形容詞）

「～ない」「～ほしい」など、上の語を補助する働きをもつ形容詞のこと。

例 予定は楽しくない。（補助形容詞）
　楽しい予定はない。（形容詞）
　新しい服を買ってほしい。（補助形容詞）
　新しい服がほしい。（形容詞）

補助形容詞の「ない」は、打ち消しの助動詞の「ない」と間違えないように注意が必要。補助形容詞の「ない」は直前に「は」や「も」を補うことができ、助動詞の「ない」は「ぬ」に置き換えることができる。

補助形容詞…予定は楽しくない。→予定は楽しくもない。
助動詞……予定は楽しまない。→予定は楽しまぬ。

絶対おさえる！

☑ **補助形容詞の「ない」は、直前に「は」や「も」を補うことができる。**

3 形容動詞

❶ 形容動詞の活用

基本形	活用形 語幹	未然形	連用形	終止形	連体形	仮定形	命令形
	主な続き方	う	た・ない・なる	—。	とき・ので	ば	—。
形容動詞 便利だ	便利	だろ	だっ・で・に	だ	な	なら	○
便利です	便利	でしょ	でし	です	(です)	○	○

形容動詞には命令形がない。また、「です」で終わる丁寧表現には仮定形もない。

例 今日の海は穏やかだ。
今日の海は穏やかです。(丁寧表現)

❷ 形容動詞の識別

形容動詞は連体詞や副詞と間違えないように注意が必要。形容動詞は「—だ」の形に活用できるが、連体詞はできない。形容動詞は「—だ・—な」の形に活用できるが、副詞はできない。

例 穏やかな海。(形容動詞)→穏やかだ
大きな船。(連体詞)→×

例 急に走り出す。(形容動詞)→急だ・急な
特に忙しい。(副詞)→×

基礎力チェック!

1. 次の単語の中から形容詞を選びなさい。
① 美しい ② 細長い ③ らしい ④ 冷たい
⑤ たい ⑥ 切ない ⑦ よい ⑧ ある
⑨ 力強い ⑩ 古めかしい

2. 次の自立語の中から形容動詞を選びなさい。
① 健康だ ② たった ③ 素敵だ ④ きれいだ
⑤ 面白い ⑥ 圧倒的だ ⑦ スムーズだ ⑧ 新鮮です

3. 次の形容詞・形容動詞の活用語尾を書きなさい。
① つまらな( )う ② にぎやか( )う
( )た ( )た
( )。 ( )。
( )とき ( )とき
( )ば ( )ば

4. 次の文の——線のうち、補助形容詞を選びなさい。
① 今日の番組は面白くない。
② 今日は面白い番組はない。

5. 次の( )の形容詞を音便の形にしなさい。
① その話は(面白く)ございます。
② あなたとの別れは(さみしく)ございます。

6. 次の各文から形容動詞を抜き出し、終止形に直して書きなさい。ただし、ない場合は×をつけなさい。
① まだ少しも疲れなどはない。
② これから正直に君に全て話そう。
③ この特別な場所で、この上ない経験をした。

答え

1. ①・②・④・⑥・⑦・⑨・⑩ → 2 参照
2. ①・③・④・⑥・⑦・⑧ → 3 参照
3. ①かろ・かっ・い・い・けれ ②だろ・だっ・だ・な・なら → 2・3 参照
4. ① → 2 ❸ 参照
5. ①面白う ②さみしゅう → 2 ❷ 参照
6. ①× ②正直だ ③特別だ → 3 参照

確認問題

日付	／	／	／
○△×			

解答解説 別冊P.12

1 ア「必要な」、イ「さまざまな」、ウ「代表的な」、エ「小さな」のうち、品詞が異なるものを一つ選び、記号で答えなさい。［2022福岡］

2 次の文中の「細かく」と同じ品詞であるものを、あとのア～エの中から一つ選び、記号で答えなさい。［2021新潟］

野菜を細かく刻む。

ア 流れる音楽にじっと耳を傾ける。　イ 静かな場所で集中して学習する。
ウ しばらく休んでから出発する。　エ 楽しい時間はあっという間に過ぎる。

3 「かすかに」の品詞として、最も適当なものを次のア～エから一つ選び、記号で答えなさい。［2021三重］

ア 形容詞　イ 形容動詞　ウ 連体詞　エ 副詞

4 「好きな」と品詞が異なる言葉を、次のア～エから一つ選び、記号で答えなさい。［2020茨城］

ア 立派な家を建てる。　イ おかしな話をする。
ウ はるかな時を思う。　エ 大切な人と会う。

5 ア「結ぶ」、イ「初めて」、ウ「おもしろい」、エ「言う」のうち、「幼い」と同じ品詞である語を一つ選び、記号で答えなさい。［2020栃木］

6 次の文中の――線をつけた語の品詞を、あとのア～エの中から一つ選び、記号で答えなさい。

雨は午後から激しくなるそうだ。

ア 名詞　イ 動詞
ウ 形容詞　エ 形容動詞

7 「大切な」の品詞名を漢字で書きなさい。また、「大切な」の活用形として最も適当なものを次のア～エの中から一つ選び、記号で答えなさい。［2020愛媛］

ア 未然形　イ 連用形
ウ 終止形　エ 連体形

8 次のア～エの――線をつけた語のうち、「誰もが安全に暮らせるまちづくりを推進する。」の「安全に」と品詞が同じなのはどれか。一つ選び、記号で答えなさい。［2020都立産業技術高専］

ア 食後はいつも眠くなる。
イ 彼の様子が少し変だった。
ウ 急がずにゆっくり歩いていこう。
エ 祖父の言葉に大きな影響を受けた。

9 「確かに」と品詞が同じものはどれか。最も適当なものを次のア～エから一つ選び、記号で答えなさい。［2019三重］

ア 大きな意味を持つ。　イ 静かな環境で過ごす。
ウ 直ちに出発する。　エ 実におもしろい本だ。

10 次の文の□に当てはまるように、「よい」という形容詞の活用語尾を書きなさい。〔2018北海道〕

博士は資料を見ながら、どうしたらよ□うと考えていた。

11 「広い」の品詞名を書きなさい。〔2018長野〕

12 次の文中の「簡単に」と同じ品詞であるものを、あとのア〜エの中から一つ選んで、記号で答えなさい。

この数学の問題は簡単に解けた。

ア 初対面の人でも、自然な態度で接する。
イ 彼といると、いつも楽しく感じられる。
ウ 友達との長い別れに切なくなる。
エ 危ないことばかりするのはやめなさい。

13 次の文中の「つまらなく」と同じ品詞であるものを、あとのア〜エの中から一つ選んで、記号で答えなさい。

一人で山歩きをするのは、私にはつまらなく感じた。

ア 嫌いな野菜でも、調理方法を工夫して食べる。
イ 彼はいつもそのくらい朗らかならいいのに。
ウ 一日中掃除をしたら、部屋がきれいになった。
エ 選手たちが勇ましく入場行進をした。

14 次の文中の——線をつけた語の品詞は何か。あとのア〜エの中から一つ選び、記号で答えなさい。

(1) 丈夫な机を買って、長い間使おう。
(2) そのコートはさわやかな色で素敵ですね。
(3) 妹の持ち前の明るさには救われる思いがする。
(4) 祖父はいつでも紳士的でスマートな態度だ。
(5) 今日の給食のカレーは格別にうまかった。

ア 名詞　イ 動詞　ウ 形容詞　エ 形容動詞

15 次の文の□に当てはまるように、「新鮮だ」という形容動詞の活用語尾を書きなさい。

(1) 海外育ちの彼女の意見は、僕らには新鮮□ある。
(2) 朝一番に取れた魚だからきっと新鮮□う。

16 次の文の□に当てはまるように、「春らしい」という形容詞の活用語尾を書きなさい。

(1) 祖母の今日の服装は春らし□た。
(2) 来週からは気温が上がって、春らし□なるだろう。

17 (1) 「忙しく」の品詞名を漢字で書きなさい。また、「忙しく」の活用形として最も適当なものを、次のア〜エの中から一つ選び、記号で答えなさい。

ア 未然形　イ 連用形　ウ 終止形　エ 連体形

(2) 「ほのかに」の品詞名を漢字で書きなさい。また、「ほのかに」の活用形として最も適当なものを、次のア〜エの中から一つ選び、記号で答えなさい。

ア 未然形　イ 連用形　ウ 終止形　エ 連体形

Chapter 12

文法 活用のない自立語

合格へのヒント

● 連体詞の識別は難しく、入試でも狙われやすい。見分け方をよく覚えておこう！

月　日

1 連体詞

❶ 連体詞の性質

・自立語であるが、活用がない。

・体言（名詞・代名詞）を修飾し、連体修飾語になる。

❷ 連体詞の種類

① 「—の」型　この・その・あの・どの・例の・ほんの

② 「—な」型　大きな・小さな・いろんな・おかしな

③ 「—る」型　ある・きたる・さる・あらゆる・いわゆる

④ 「—た・だ」型　とんだ・たいした

⑤ 「—が」型　わが・われらが

❸ 連体詞の識別

連体詞を用言と区別するときは、活用の有無を確認し、活用しなければ連体詞である。体言と区別するときは、単独で主語になるかどうかで判断し、単独で主語にならないが修飾語になるものが連体詞。

例
ある人から誘われる。（連体詞）
机の上に本がある。（動詞）

例
あの白い屋根の家だ。（連体詞）
あれが私の家だ。（名詞）

絶対おさえる！

☑ **連体詞は活用のない自立語で、体言（名詞）を修飾する（連体修飾語になる）。**

2 副詞

❶ 副詞の性質

・自立語であるが、活用がない。主語や述語にならない。

・主に動詞・形容詞・形容動詞を修飾し、連用修飾語になる。

絶対おさえる！

☑ **副詞は活用のない自立語で、主に用言を修飾する（連用修飾語になる）。**

❷ 副詞の種類

① 状態の副詞…主に動詞を修飾し、**動作の状態を表す**。擬音語・擬態語も状態の副詞である。

例 さっと・すぐに・ふと・ときどき・のんびり

例 ザーザー・わくわく・ニャーニャー・きらきら

② 程度の副詞…主に用言を修飾し、**性質や状態の程度を表す**。他の副詞を修飾することもある。

例 とても・もっと・かなり・ずっと・少々・いっそう

例 もっとゆっくり走ろう。（程度の副詞＋状態の副詞）

③ 呼応の副詞（陳述の副詞）…あとに決まった言い方を要求する副詞。

打ち消し…例 とうてい／決して／少しも→ない

推量…例 たぶん／おそらく／きっと→だろう／でしょう

仮定…例 もし／たとえ／仮に→なら／ても

願望…例 どうぞ→—ください・ぜひ→ほしい／—たい

3 名詞

❶ 名詞の性質

・助詞「は・が・も」などを伴って主語になる。
・自立語で活用せず、体言とも呼ばれる。

❷ 名詞の種類

① 普通名詞…一般的な名称を表す。
例 山・川・花
② 代名詞…人・物・方向などを指し示す。
例 私・それ・どこ
③ 固有名詞…地名・人名など、それだけに与えられた名称。
例 富士山・東京・論語
④ 数詞…物の数や量、順序などを表す。
例 一つ・三人・百円・五メートル・四月
⑤ 形式名詞…元の意味が薄れて、連体修飾語とともに補助的に用いられる。主にひらがなで表記される。
例 —こと・—ため・—もの・—ところ・—とき

基礎力チェック!

1. 次の中から連体詞を選びなさい。
① わが　② 単なる　③ たいした
④ 見事な　⑤ 面白い　⑥ 大きい

2. 次の文のうち、連体詞を含む文を選びなさい。
① ア 図書館にある古い書物を借りてきた。
　イ ある古い書物を図書館で借りた。
② ア おかしな服装の二人組を見た。
　イ 二人の様子はどうもおかしい。

3. 次の副詞はあとのア～ウのうちどれか、選びなさい。
① ろくに　② たぶん　③ ころころ
④ もっと　⑤ かなり　⑥ のんびり
⑦ たとえ　⑧ 二度と　⑨ 必ずしも　⑩ はっと
ア 状態の副詞　イ 程度の副詞
ウ 呼応の副詞（陳述の副詞）

4. 次の――線部の名詞はあとのア～オのうちどれか、選びなさい。
① 京都へ行く。　② 五羽の鳥。　③ 犬の散歩
④ ぼくの家。　⑤ 今から出発するところだ。
ア 普通名詞　イ 代名詞　ウ 固有名詞
エ 数詞　オ 形式名詞

5. 次の文から形式名詞を抜き出して書きなさい。ない場合は×を書きなさい。
① このようなわけで、我が家は引っ越すことになった。
② 追い込まれたときに力がわくとは、不思議なものだ。
③ 君こそ、わが学校の生徒会長にふさわしい。

答え

1. ①・②・③ → 1 参照
2. ①イ ②ア → 1 参照
3. ①ウ ②ウ ③ア ④イ ⑤イ ⑥ア ⑦ウ ⑧ウ ⑨ウ ⑩ア → 2 ❷参照
4. ①ウ ②エ ③ア ④イ ⑤オ → 3 ❷参照
5. ①わけ・こと ②とき・もの ③× → 3 ❷参照

確認問題

日付	○△×
／	
／	
／	

解答解説 別冊P13

1 ア「その」、イ「大きな」、ウ「いわゆる」、エ「むしろ」のうち、品詞の種類が他と違うものを一つ選び、記号で答えなさい。〔2022長野〕

2 「すぐ」と同じ品詞の言葉を次のア〜エから一つ選び、記号で答えなさい。〔2022岐阜〕

ア　静かな環境で学習する。
イ　日が暮れるまで練習する。
ウ　部屋をそっと出る。
エ　早い時間に出発する。

3 「たくさん」の品詞名を書きなさい。〔2022滋賀〕

4 ア「いつぞや」、イ「きっと」、ウ「さすがに」、エ「ほのかな」の中で、品詞の異なるものを一つ選び、記号で答えなさい。〔2022兵庫〕

5 「とにかく」について、次の問いに答えなさい。〔2022沖縄〕

(1) 品詞名を次のア〜エから一つ選び、記号で答えなさい。
ア　名詞　イ　副詞　ウ　形容詞　エ　助動詞

(2) 「とにかく」と品詞の種類が異なるものを、ア「ポツンと」、イ「おかしな」、ウ「あまりに」、エ「わざわざ」のうちから一つ選び、記号で答えなさい。

6 「もちろん」と同じ品詞の言葉を含む文を、次のア〜エから一つ選び、記号で答えなさい。〔2021福井〕

ア　ゆっくり走った。　イ　いかなる時もあわてない。
ウ　かわいい子犬を飼う。　エ　きれいな花が咲く。

7 あとのア〜エの中から、——線部が次の文の——線部と同じ品詞のものを一つ選び、記号で答えなさい。〔2021鳥取〕

ある人が発した言葉が、今でも忘れられない。

ア　かなり遠くの街まで行く。　イ　大きな絵を壁に掛ける。
ウ　新しい本が出版される。　エ　きれいな星空を眺める。

8 あとのア〜エの——線部のうち、次の文の「とても」と品詞が異なるものを一つ選び、記号で答えなさい。〔2020鳥取〕

今日はとてもよい天気になったので、私の妹は近くの公園へ遊びに行った。

ア　いつもより少し明るい夜だ。　イ　部屋の外で大きな声を出す。
ウ　空でカラスがカアカア鳴く。　エ　赤ちゃんがにっこりと笑う。

9 「あえて」の品詞を次のア～エから一つ選び、記号で答えなさい。［２０２０香川］

ア 動詞　イ 連体詞　ウ 副詞　エ 接続詞

10 「とんだ災難だ」の「とんだ」と同じ品詞の言葉を、次のア～エから一つ選び、記号で答えなさい。

ア かなり　イ 走る　ウ 小さな　エ 無い

11 「あらゆる」の品詞として最も適当なものを次のア～エから一つ選び、記号で答えなさい。［２０１９山形］

ア 動詞　イ 形容動詞　ウ 連体詞　エ 副詞

12 「働きを抑える」の「働き」の品詞と、次のア～エの――線を付した語の品詞が同じものを一つ選び、記号で答えなさい。［２０１９福岡］

ア その人に初めて会ったのは、小学生のときだった。
イ 彼女は、とても気さくな人なので、話しやすい。
ウ 元気でいてくれることが、なによりの喜びである。
エ 壁に飾られている絵画から、温かみが感じられる。

13 「ちらりと」の品詞名として最も適当なものを、次のア～エから一つ選び、記号で答えなさい。［２０１９長崎］

ア 動詞　イ 形容動詞　ウ 副詞　エ 連体詞

14 ア「めっきり」、イ「必ず」、ウ「かわいい」、エ「初めて」の中から、品詞が他と異なるものを一つ選び、記号で答えなさい。

15 次の文中の――線をつけた言葉が、「おのずと」と同じ品詞であるものを、ア～オの中から一つ選び、記号で答えなさい。［２０１８福島］

ア いかなる状況でも努力を怠らなかった。
イ 白鳥がはるばる海を渡ってやってきた。
ウ 彼女の決意がこの手紙から伝わってきた。
エ 隣にいた弟が小さな声で話しかけてきた。
オ あらゆる年代を対象として調査を行った。

16 「じっとりと」と同じ品詞の言葉を、ア「高度だ」、イ「なかなか」、ウ「美しさ」、エ「すばらしい」の中から一つ選び、記号で答えなさい。［２０１８富山］

17 ア「きっと」、イ「初めて」、ウ「だから」、エ「まるで」のうち品詞が他の三つと異なるものを一つ選び、記号で答えなさい。［２０１８岡山］

18 「わたし」と同じ品詞の言葉を次のア～エから一つ選び、記号で答えなさい。

ア 今週末は予定がある。
イ 彼のダンスはすごい。
ウ もっと練習したい。
エ 体を動かすことが好きだ。

Chapter 13

文法

活用のある付属語①

合格へのヒント

●助動詞の意味を見分ける問題は頻出！判断のポイント・やり方を覚えておこう。

月　日

1 助動詞の性質

・用言や体言などの自立語について文節を作り、個別の意味を添える働きをもつ。

・付属語で活用する。

2 「れる・られる」「せる・させる」「ない・ぬ（ん）」「たい・たがる」「た（だ）」の意味・用法

❶**れる・られる**…「れる」は五段活用やサ行変格活用の動詞の未然形（ア段の音）に接続する。「られる」は上一段活用・下一段活用・カ行変格活用の動詞の未然形（ア段以外の音）や助動詞「せる・させる」の未然形に接続する。

①受け身…他から動作・作用を受ける。

例 母に笑われる。

②可能…「―できる」。

例 試合に出られる。

③自発…（感情をともなう）動作が自然に起きる。「自然と」などの言葉を補うことができる。

例 祖母がしのばれる。

④尊敬…動作をする人に対する敬意。

例 先生が話される。

❷**せる・させる**…「せる」は五段活用やサ行変格活用の動詞の未然形（ア段の音）に接続する。「させる」は上一段活用・下一段活用・カ行変格活用の動詞の未然形（ア段以外の音）に接続する。

・使役…自分以外のものに何かをさせる。

例 全員に読ませる。用紙を集めさせる。

❸**ない・ぬ（ん）**…動詞や一部の助動詞の未然形に接続する。

・打ち消し（否定）…「―ない」と内容を打ち消す。

例 彼は来ない。決して忘れぬ。

❹**たい・たがる**…動詞と一部の助動詞の連用形などに接続する。

・希望
　「たい」…話し手・書き手自身が望んでいる。
　「たがる」…話し手・書き手以外が望んでいる。

例 私も行きたい。弟が話したがる。

❺**た（だ）**…用言の連用形や一部の助動詞の連用形に接続する。

①過去…以前に終わったことを表す。

例 夏休みは終わった。課題図書を読んだ。

②完了…ちょうど動作が終わったことを表す。

例 今、食べ終わった。ちょうど荷物を運んだよ。

③存続…その状態が続いていることを表す。

例 開け放した窓。ノートにはさんだメモ。

④確認（想起）…思い出したり、確かめたりすることを表す。

例 君の担当だったね。待ち合わせは二時だったよね。

絶対おさえる!

☑「たい」と「たがる」では動作の主体が異なる。

3 「れる・られる」「せる・させる」「ない・ぬ(ん)」「たい・たがる」「た(だ)」の活用

基本形	未然形	連用形	終止形	連体形	仮定形	命令形
れる	れ	れ	れる	れる	れれ	れろ れよ
られる	られ	られ	られる	られる	られれ	られろ られよ
せる	せ	せ	せる	せる	せれ	せろ せよ
させる	させ	させ	させる	させる	させれ	させろ させよ
ない	なかろ	なかっ なく	ない	ない	なけれ	○
ぬ(ん)	○	ず	ぬ(ん)	ぬ(ん)	ね	○
たい	たかろ	たかっ たく	たい	たい	たけれ	○
たがる	たがら たがろ	たがり たがっ	たがる	たがる	たがれ	○
た(だ)	たろ(だろ)	○	た(だ)	た(だ)	たら(だら)	○

絶対おさえる!

☑「れる」と「られる」、「せる」と「させる」の一番の違いは**接続の仕方**である。直前にどんな語が来るか、例文と合わせて確認しよう。

基礎力チェック!

1. 次の――線部の助動詞の意味を選びなさい。

① まだまだ食べられる。
② 空が高く感じられる。
③ お客様が来られる。
④ 先生にほめられる。

ア 受け身　イ 可能　ウ 自発　エ 尊敬

2. 次の文が使役の意味になるよう(　)に助動詞を書きなさい。

① こちらに来(　　)。　② 弟に手伝わ(　　)。

3. 次の文の中から打ち消しの助動詞を抜き出して書きなさい。ない場合は×を書きなさい。

① 明日は出かけない。
② このゲームはつまらない。
③ 部屋は暑くない。
④ もう二度と行かぬ。

4. 次の文が希望の意味になるよう(　)に助動詞を書きなさい。

① 私は兄に勝ち(　　)。　② 兄は私に勝ち(　　)。

5. 次の――線部の助動詞の意味を書きなさい。

① 隅に置かれた椅子。
② ぼくは今、事件を知った。
③ さっき制服を脱いだ。
④ 一時間目は数学だったよね。

答え

1. ①イ　②ウ　③エ　④ア → 2 ❶参照
2. ①させる　②せる → 2 ❷参照
3. ①ない　②×　③×　④ぬ → 2 ❸参照
4. ①たい　②たがる → 2 ❹参照
5. ①存続　②完了　③過去　④確認 → 2 ❺参照

確認問題

日付	○△×
／	
／	
／	

解答解説 ⇒ 別冊P14

1 次の文中の「ない」と同じ品詞であるものを、あとのア～エの――線部から一つ選び、記号で答えなさい。［2022新潟］

森の中はとても静かで物音ひとつ聞こえない。

ア　次の目的地はそれほど遠くない。
イ　姉からの手紙がまだ届かない。
ウ　この素材は摩擦が少ない。
エ　私はその本を読んだことがない。

2 次の文中の「得られる」と同じ意味・働きのものを、あとのア～エの――線部から一つ選び、記号で答えなさい。［2022鳥取］

全国大会と　いう　貴重な　機会が　得られる。

ア　午後からお客さまが来られる。
イ　このリンゴはまだ食べられる。
ウ　故郷の母のことが案じられる。
エ　いつも同じ仲間に助けられる。

3 「信じられない」の「ない」と文法上の働きが同じものを、次のア～エから一つ選び、記号で答えなさい。［2022島根］

ア　限りない　　イ　読まない　　ウ　正しくない　　エ　あどけない

4 次の文中の――線部の「ない」と同じ用法のものを、あとのア～エの――線部から一つ選び、記号で答えなさい。［2021滋賀］

遠すぎて見えない。

ア　映画の終わり方が切ない。　　イ　今日は、あまり寒くない。
ウ　どんなことがあっても笑わない。　　エ　高い建物がない。

5 次のア～オの中から、受け身の意味（用法）で用いられている助動詞を二つ選び、記号で答えなさい。［2019埼玉］

来週の日曜日、市民ホールで、地元出身のピアニストのコンサートが開催さアれる。情感が満ちあふイれる彼女の演奏を聴くと、自分の幼い頃が思い出さウれる。そして、いつも涙がはらはらと頬を伝って流エれる。有名なコンクールで最優秀賞を受賞した功績をたたえ、近々、彼女に市民栄誉賞が授与さオれるようだ。

6 次の例文中の――線をつけた「られる」と同じ意味で用いられている「られる」を含む文を、あとのア～エの中から一つ選び、記号で答えなさい。［2018神奈川］

待ち時間が長く感じられる。

ア　空梅雨で水不足が案じられる。　　イ　観光客から道を尋ねられる。
ウ　何でも好き嫌いなく食べられる。　　エ　社長が出張先から戻って来られる。

7 次の文中の――線部の「た」と同じ用法のものを、あとのア～エの――線部から一つ選び、記号で答えなさい。

昨日、駅前で友達に会った。

ア　玄関に飾られた色鮮やかな花。
イ　次の練習は金曜日だったよね。
ウ　ご飯の準備ができたところだ。
エ　姉はこの春に大学に進学した。

8 次の文中の「ない」と文法上の働きが同じものを、あとのア～エの――線部から一つ選び、記号で答えなさい。

その少年の笑顔はまだあどけない。

ア　電気を消し忘れるのはもったいない。
イ　飼い猫が邪魔をして勉強をさせない。
ウ　沖縄には一度も行ったことがない。
エ　その計画には心配な点が少なくない。

9 次の文中の「れ」と同じ用法のものを、あとのア～エの――線部から一つ選び、記号で答えなさい。

昨日の帰りは突然の雨に降られた。

ア　四十分くらいあれば、自転車でも行かれる。
イ　校長先生が遠くの学校に転任された。
ウ　先生に将来の夢について聞かれた。
エ　不思議と遠い日のことがしのばれた。

10 次の文中の――線部の「られる」と同じ用法のものを、あとのア～エの――線部から一つ選び、記号で答えなさい。

兄は目覚ましを使わずに起きられる。

ア　姉の入試の結果が案じられる。
イ　発表の順番を先生に決められる。
ウ　社長は車で会社に来られる。
エ　他人の顔はすぐに覚えられる。

11 次の文中の「たい」と品詞が異なるものを、あとのア～エの――線部から一つ選び、記号で答えなさい。

将来は外科医になりたい。

ア　母の手は私の手より少し冷たい。
イ　文化祭に向けてバンドを始めたい。
ウ　来年こそ友人と海外に旅行したい。
エ　水族館でジンベイザメを見たい。

12 次の文中の――線部の「ない」と文法上の働きが同じものを、あとのア～エから一つ選び、記号で答えなさい。

はかない望みもくだかれた。

ア　わからない　　イ　さりげない
ウ　すぎない　　エ　よくない

Chapter 14

文法

活用のある付属語②

合格へのヒント

●「意味を覚えるだけ」にならないよう注意！例文の中で意味を判断する習慣をつけよう。

月　日

1 「らしい」「ようだ」「そうだ」「だ・です」「う・よう」「まい」の意味・用法

❶ **らしい**…動詞・形容詞・一部の助動詞の終止形、形容動詞の語幹、体言などに接続する。

・推定…ある程度の根拠をもとに推し量る。

例 明日は寒いらしい。

❷ **ようだ**…用言の連体形、一部の助動詞の連体形、連体詞「この」などに接続する。「ようです」という丁寧な言い方もある。

① 推定…ある程度の根拠をもとに推し量る。

例 猫がいるようだ。予報では明日は雨のようです。

② 比喩…何かにたとえる。

例 まるで猫のようだ。本当に夢のようです。

❸ **そうだ**…推定・様態の「そうだ」は動詞や一部の助動詞の連用形、形容詞・形容動詞の語幹に接続し、伝聞の「そうだ」は用言と一部の助動詞の終止形に接続する。「そうです」という丁寧な言い方もある。

① 推定・様態…様子や状態から自分で判断したことを表す。

例 雨が降りそうだ。もうすぐ花が咲きそうです。

② 伝聞…人から伝え聞いた内容であることを表す。

例 雨が降るそうだ。新しい駅ができるそうです。

❹ **だ・です**…体言や助詞「の」などに幅広く接続する。「です」は丁寧な断定の言い方である。そのほか、丁寧の意味の助動詞として「ます」もある。

・断定…物事に対してはっきりと判断し、言い切る。

例 私は中学生だ。わが社は情報関連の企業です。

❺ **う・よう**…「う」は五段活用の動詞・形容詞・形容動詞・一部の助動詞の未然形に接続する。「よう」は五段活用以外の動詞・一部の助動詞の未然形などに接続する。

① 推量…想像する。予想する。

例 明日は雨になろう。

② 意志…話し手・書き手の意志。

例 僕も頑張ろう。

③ 勧誘…相手を誘う。

例 一緒に参加しよう。

❻ **まい**…五段活用の動詞の終止形や、五段活用以外の動詞の未然形、一部の助動詞の未然形などに接続する。

① 打ち消し（否定）の意志…そうしないという自分の意志。

例 これ以上聞くまい。

② 打ち消し（否定）の推量…そうならないという予想。

例 うまくはいくまい。

絶対おさえる！

☑ 推定・様態の「そうだ」は主に活用語の連用形につき、伝聞の「そうだ」は活用語の終止形につく。

2 「らしい」「ようだ」「そうだ」「だ・です」「う・よう」「まい」の活用

基本形	未然形	連用形	終止形	連体形	仮定形	命令形
らしい	○	らしかっ らしく	らしい	らしい	（らしけれ）	○
ようだ	ようだろ	ようだっ ようで ように	ようだ	ような	ようなら	○
そうだ（推定）	そうだろ	そうだっ そうで そうに	そうだ	そうな	そうなら	○
そうだ（伝聞）	○	そうで	そうだ	○	○	○
だ	だろ	だっ で	だ	（な）	なら	○
です	でしょ	でし	です	（です）	○	○
う	○	○	う	（う）	○	○
よう	○	○	よう	（よう）	○	○
まい	○	○	まい	（まい）	○	○

基礎力チェック!

1. 次の——線部の助動詞の意味を選びなさい（記号は二度用いてもよい）。
① 私は八時にホテルを出るとしよう。
② 彼女はまるで私の祖母のように優しく微笑《ほほえ》んでいた。
③ 母から携帯電話に着信があったようだ。
④ 大学生の兄はおそらく旅行に参加するまい。
⑤ 広報紙によると、市内で夏祭りが開催されるらしい。
⑥ 本当のことは決して誰にも言うまい。
⑦ 明日は昼から雪が降るそうだ。
⑧ 駅は次の角を曲がってすぐです。
⑨ 妹はあともう少しで自転車に乗れそうだ。
⑩ その計画は水面下で進めるのがよかろう。

ア 推定　イ 比喩　ウ 推定・様態　エ 伝聞
オ 断定　カ 推量　キ 意志　ク 勧誘
ケ 打ち消し（否定）の意志
コ 打ち消し（否定）の推量

2. 次の文の（　）にあてはまる助動詞をあとの［　］から選び、活用させて書きなさい。
① その映画はとても面白（　）た。
② もし高校生（　）、学割があるよ。
③ この時計は祖父のもの（　）た。
④ いつも輝く太陽の（　）人になりたい。

［だ　ようだ　そうだ　です］

答え

1. ①キ ②イ ③ア ④コ ⑤ア ⑥ケ ⑦エ ⑧オ ⑨ウ ⑩カ → 1参照
2. ①そうだっ ②なら ③でし（だっ） ④ような → 1・2参照

確認問題

日付			
○△×			

解答解説 別冊P15

1 「今にも雨がふりそうだ。」の――線部と文法的に同じ意味・用法のものを、次のア～エの――線部から一つ選び、記号で答えなさい。〔2022栃木〕

ア 目標を達成できそうだ。
イ 彼の部屋は広いそうだ。
ウ 祖父母は元気だそうだ。
エ 子犬が生まれるそうだ。

2 次の文章を読んで、あとの問いに答えなさい。〔2022和歌山・改〕

故郷から届いたたくさんのみかんを、受験で頑張っているあおいさんにもおすそ分けしようと思います。そこで、次のような言葉を添えて持っていくことにしました。

「和歌山のおいしいみかんです。勉強の合間に、どうぞめしあがってください。」
厳しい寒さもどうやらもうすぐ終わ□そうです。暖かい春が近づいています。

文中の□には、ひらがな一字が入ります。あとの条件⑴、⑵に合うように、それぞれあてはまるひらがなを書きなさい。

[条件]
⑴ そのことを「人から伝え聞いた」ことを表すように。
⑵ そのことを「自分で推測した」ことを表すように。

3 「好きなアーティストがテレビに出るらしい。」の――線部と文法的に同じ意味・用法のものはどれか。

ア 今日の彼女の服装は、色合いが秋らしい。
イ 彼の話し方がいつもと違ってわざとらしい。
ウ 手をつないで歩く幼稚園児はかわいらしい。
エ のどが痛いときにははちみつが良いらしい。

4 例文中の――線をつけた「よう」と同じ意味で用いられている「よう」を含む文を、あとのア～エの――線部から一つ選び、記号で答えなさい。

この提案はきっと全員に支持されよう。

ア たとえ嵐が来ようとも、恐れることはない。
イ 僕も新入部員と一緒にトレーニングしよう。
ウ こちらに座って一緒にお菓子を食べようよ。
エ ご飯の前におやつを食べるのはやめよう。

5 例文中の――線をつけた「そうだ」と同じ意味で用いられている「そうだ」を含む文を、あとのア～エの――線部から一つ選び、記号で答えなさい。

隣町に新しい小学校ができるそうだ。

ア 携帯の充電が切れた可能性は確かにありそうだ。
イ 山の頂上から見る雲海は、格別に美しいそうだ。
ウ みんなでキャンプをするのはとても楽しそうだ。
エ 我が弟ならそんな突拍子のないこともしそうだ。

6 「今日は昨日より風が強いようだ。」の――線部と文法的に同じ意味・用法のものを、あとのア～エの――線部から一つ選び、記号で答えなさい。

ア　今日の出来事は、小説の中の事件のようだ。
イ　祖父の話し方はまるで学校の先生のようだ。
ウ　妹は意外にも辛い食べものが好きなようだ。
エ　兄の反応は、その話を知らないかのようだ。

7 次の文中の「だ」と同じ意味で用いられている「だ」を含む文を、あとのア～エの――線部から一つ選び、記号で答えなさい。

これが春に発売予定の新製品だ。

ア　私の祖母は若い頃、有能な看護師だった。
イ　この研究は今後ますます進展させるそうだ。
ウ　昨日は家族揃ってバーベキューを楽しんだ。
エ　甥《おい》はプレゼントのぬいぐるみを喜んだらしい。

8 次の文中の「するまい」と同じ意味・働きのものを、あとのア～エの――線部から一つ選び、記号で答えなさい。

二度と　同じ　失敗を　するまいと　決意する。

ア　こんな素晴らしいチャンスはもうあるまい。
イ　妹が不安になるから、もう泣くまい。
ウ　必死で練習してきたのだから、負けまい。
エ　平田さんはそんな無神経な発言はしまい。

9 次のア～オの中から、伝聞の意味（用法）で用いられている助動詞を二つ選び、記号で答えなさい。

担任の先生が転校生を紹介した。転校生は背の高い男子で、見るからに運動が得意アそうだ。東京から引っ越してきたイそうで、以前は野球部だったらしい。
休憩時間に僕たちが話しかけると、彼は戸惑ったような、不思議ウそうな顔をしていた。方言が少し難しいエそうだ。もし聞き取りにくオそうなら、ゆっくりと話そうと思う。

10 「忙しいらしい」の「らしい」と文法上の働きが同じものを、次のア～エから一つ選び、記号で答えなさい。

ア　雨らしい　　イ　かわいらしい
ウ　子どもらしい　　エ　憎らしい

11 次の文章を読んで、あとの問いに答えなさい。

私の友達はお茶の栽培が盛んな県に住んでいます。その県では、毎年五月ごろから茶摘みが行われ、新茶が出回り始めます。今年もそろそろ一番茶の収穫のニュースが注目を集□そうです。

文中の□には、ひらがな一字または二字が入ります。あとの条件(1)、(2)に合うように、それぞれあてはまるひらがなを書きなさい。

[条件]
(1)　そのことを「人から伝え聞いた」ことを表すように。
(2)　そのことを「自分で推測した」ことを表すように。

Chapter 15

文法

活用のない付属語

文は、自立語と付属語で成り立っており、体言や用言などの自立語だけでは意味をなすことができない。自立語のあとに付くことによって、文節の中でその自立語に意味を添える働きをする語を付属語といい、その付属語のうち、活用のないものを助詞という。

例

ぼく	は	／	妹	と	／	図書館	に	／	行き	ます。
自立語（体言）	付属語（助詞）		自立語（体言）	付属語（助詞）		自立語（体言）	付属語（助詞）		自立語（用言）	付属語（助動詞）

1 助詞の性質

- 単独では文節を作れない。
- 語と語の関係を示したり、意味を付け加えたりする。
- 格助詞・接続助詞・副助詞・終助詞の四種類に分類される。

※一つの文節の中に複数の付属語がふくまれていることもあるので、それぞれの意味に注意しながら考える。

絶対おさえる！

☑ **助詞は、単独で文節を作ることができない付属語であるので、文節の先頭に用いることはできず、常に前にある自立語とともに文節を作る。**

例 彼（名詞）は（助詞）／歌（名詞）を（助詞）／歌い（動詞）ながら（助詞）／歩い（動詞）て（助詞）／い（動詞）ます（助動詞）ね（助詞）。

2 格助詞（主に体言に付き、あとの語句との関係を示す）

❶ **主語を示す**…「が」・「の」（「が」に置き換えられるもの）など

例 今夜は月が美しい。月の美しい夜。

❷ **連体修飾語を示す**…「の」（あとに体言が続くもの）

例 国語の教科書を開く。月の美しさ。

❸ **連用修飾語を示す**…「に」・「を」・「へ」・「で」・「から」など（あとに用言が続く）

例 家に帰る。［場所］ 絵を見る。［対象］

❹ **並立の関係を示す**…「と」・「や」など

例 父と母に会う。犬やねこを飼う。

❺ **体言の代用となる**…「の」（「こと」などに置き換えられるもの）

例 行くのをやめる。走るのは得意だ。

3 接続助詞（主に活用する語に付き、前後の関係を示す）

❶ **接続の関係を示す**

- 順接…「ば」・「と」・「ので」・「から」など

例 行けばわかる。疲れたので休もう。

- 逆接…「が」・「ても」・「でも」・「のに」など

例 謝ったが怒られた。辛くてもがんばる。

❷ **並立の関係を示す**…「たり」・「て（で）」・「し」など

例 見たり聞いたりする。白くて小さな犬。

合格へのヒント

● まずは助詞を四種類に分けることから。助詞の意味の見分けができればカンペキ！

月　日

③ 補助の関係を示す…「て（で）」（動詞と動詞をつなぐもの）

例 走って いく。 飛んで いる。

④ 連用修飾語を示す…「ながら」・「て（で）」・「たり」など

例 話しながら 歩く。 歩いて 学校へ 行く。

4 副助詞（いろいろな語に付き、意味を添える）

「は」・「こそ」・「しか」・「も」・「さえ」など

例 今日こそ 行こう。［強調］ 少しだけ 遊ぼう。［程度］

彼しか いない。［限定］ 桜などが 咲く。［例示］

ぼくは 行く。［区別］ 返事ぐらい しようよ。［限定］

私も 参加する。［添加］

宿題どころか 教科書さえ 忘れた。［添加］

5 終助詞（主に文末に付き、気持ちや態度を示す）

「か」・「ね」・「よ」・「ぞ」・「な（なあ）」など

例 ここはどこですか。［疑問］

おもしろいね。［感動］

明日は 試合だよ。［念を押す］ ああ 友よ。［呼びかけ］

廊下を走るな。［禁止］ 楽しいな（なあ）。［感動］

絶対おさえる!

☑ **同じ語でも、前後の語によって異なる種類・働きになるものもあるので、しっかりと識別できるようにしよう!**

例 **「が」…格助詞・接続助詞のいずれかの種類**

「の」…主語・連体修飾語・体言の代用のいずれかの働き

基礎力チェック!

1. 次の──線部の「の」の働きをあとから選びなさい。
① 先生の話を聞く。 ② 勉強するのが好きだ。
③ 母の言うことを守る。
ア 主語を示す。 イ 連体修飾語を示す。
ウ 体言の代用となる。

2. 次の──線部の「が」の種類をあとから選びなさい。
① 苦しいががまんする。 ② ぼくが行きます。
ア 格助詞 イ 接続助詞

3. 次の──線部の「から」の種類をあとから選びなさい。
① いすから落ちる。 ② 寒いから服を着る。
ア 格助詞 イ 接続助詞

4. 次の──線部の「な」の働きをあとから選びなさい。
① とても大きいな。 ② おしゃべりをするな。
ア 禁止を示す。 イ 感動を示す。

5. 次の──線部の助詞の種類をあとから選びなさい。
① 妹でさえ知っている。 ② 今日は疲れたね。
③ 食べながら聞く。 ④ 彼女は私の友人だ。
⑤ あわてると転ぶよ。 ⑥ 野菜しか食べない。
⑦ 絵具で色をぬる。 ⑧ ちょうが飛んでいる。
⑨ すごいぞ、とほめる。 ⑩ 彼は東京から来た。
ア 格助詞 イ 接続助詞 ウ 副助詞 エ 終助詞

答え

1. ①イ ②ウ ③ア → 2参照
2. ①イ ②ア → 2・3参照
3. ①ア ②イ → 2・3参照
4. ①イ ②ア → 5参照
5. ①ウ ②エ ③イ ④ウ ⑤イ ⑥ウ ⑦ア ⑧イ ⑨エ ⑩ア → 2・3・4・5参照

確認問題

日付	／	／	／
○△×			

解答解説 別冊P15

1 「陽《ひ》がかげると不思議がってきき耳をたて」を単語に区切ったとき、助詞はいくつあるか。数字で書きなさい。〔2021高知〕

2 「私たちは死ぬまで飲食から逃れられない」の中には、助詞が三つある。それらを全てそのまま抜き出して書きなさい。〔2022愛媛〕

3 「これまで、硬貨投入口の形式は硬貨は一枚ずつ入れる形でした。」を、助詞だけを一語直すことによって、適切な一文にしたい。直すべき助詞を含む一つの文節を、適切な形に直して書きなさい。〔2020静岡〕

4 次の――線部の　ながら　と同じ意味・用法のものを、あとの各文の＝＝を付けた「ながら」のうちから一つ選び、記号で答えなさい。〔2019東京都立日比谷〕

居ながらにして「四季の庭」を味わうことのできる装置

ア　戦乱を生きながらえる。
イ　親子ながらに負けん気が強い。
ウ　昔ながらのたたずまいに感動した。
エ　三度ながらしくじってしまった。

5 次の――線部と同じ意味で使われている「と」を、あとのア～エから一つ選び、記号で答えなさい。〔2018奈良〕

一般に「自然哲学者」と呼ばれている。

ア　兄と姉は出かけている。
イ　私も君の考えと同じだ。
ウ　子どもを陽一と名づける。
エ　友人と近くの公園で遊ぶ。

6 次の――線部の「の」と同じ意味・用法で使われているものを、あとのア～エから一つ選び、記号で答えなさい。〔2018秋田〕

違う意味で「そう」が使われ始めたのに違和感を持つ。

ア　私の植えた木だ。
イ　二十世紀の宝だ。
ウ　君も行くの。
エ　歌うのが好きだ。

7 次の例文中の――線をつけた「で」と同じ意味で用いられている「で」を含む文を、あとのア～エから一つ選び、記号で答えなさい。〔2019神奈川〕

例文　本を読んで感想を書く。

ア　上着を脱いで手に持つ。
イ　あまりに立派で驚いた。
ウ　自転車で坂道を下る。
エ　五分で外出の準備をする。

8 次の例文中の――線をつけた「が」と同じ意味で用いられている「が」を含む文を、あとのア～エから一つ選び、記号で答えなさい。〔2020神奈川〕

例文　新しい電子辞書が欲しい。

ア　彼は足も速いが力も強い。
イ　友達を訪ねたが留守だった。
ウ　授業で我が国の歴史を学ぶ。
エ　先月公開された映画が見たい。

9 次の――線部の「ばかり」と同じ意味で使われているものを、あとのア～エから一つ選び、記号で答えなさい。〔2021富山〕

映画化されて話題というような作品ばかりが注目を浴びて……

ア　走りださんばかりに喜ぶ。
イ　あれから三年ばかりたつ。
ウ　見えるのは波ばかりだ。
エ　さっき着いたばかりだ。

10 「椅子も」の「も」と品詞が同じものは、ア～カのうちではどれですか。あてはまるものをすべて選び、記号で答えなさい。〔2022岡山〕

友達(ア)が困って(イ)いたので(ウ)、優しく(エ)声を(オ)かけた(カ)。

11 次の――線部の「て」と異なる意味で使われているものを、あとのア～エから一つ選び、記号で答えなさい。

あちらの方で白い犬が走っている。

ア　もっとくわしく聞いてみよう。
イ　父はリビングで本を読んでいる。
ウ　走って学校へ向かった。
エ　新しいことをやってみる。

12 次の――線部の「でも」と異なる意味で使われているものを、あとのア～エから一つ選び、記号で答えなさい。

休み時間にはサッカーでもしよう。

ア　疲れたからお茶でも飲もう。
イ　そんなことは妹でも知っている。
ウ　わからないので兄にでも聞いてみよう。
エ　時間があるので図書館にでも行こう。

13 次の――線部の「まで」と同じ意味で使われているものを、あとのア～エから一つ選び、記号で答えなさい。

向こうの山のふもとまで行ってみる。

ア　教科書どころか筆箱まで忘れた。
イ　小さな子どもにまで笑われる。
ウ　できるようになるまでやるまでだ。
エ　スーパーまでは一時間かかる。

Chapter 16

文法 まぎらわしい語の識別

合格へのヒント

● どんなパターンがあるのか覚えよう。他の語に言い換える見分け方を覚えると便利！

月　日

品詞の見分け方

語	品詞	例文	見分け方
ある	動詞	今日は試合がある。	「ない」「存在する」と言い換えて意味が通じる。
	補助動詞	本が置いてある。	「存在する」と言い換えられない。直前に「て（で）」がある。
	連体詞	ある日の出来事。	体言（名詞）を修飾し、「存在する」と言い換えられない。
ない	助動詞（否定）	私は行かない。	「ぬ」に言い換えられる。
	形容詞	今はお金がない。	「ぬ」に言い換えられない。
	形容詞の一部	あどけない笑顔。	直前の部分とまとまって一語。
らしい	助動詞（推定）	彼は中学生らしい。	「らしい」の直前に「である」を補える。
	形容詞の一部	社会人らしい髪型。	「にふさわしい」と言い換えられる。
だ	形容動詞の活用語尾	町は静かだ。	「な」に言い換えると体言につながる。
	助動詞（断定）	今は授業中だ。	名詞に付き「な」に言い換えられない。
	助動詞（過去・完了）	用事は済んだ。	「だ」の直前が音便化する。
	助動詞の一部	暑くなるそうだ。	「そうだ」「ようだ」で一語。
で	形容動詞の活用語尾	元気で活発な少年。	「な」に言い換えると体言につながる。
	助動詞（断定）	彼は医者である。	名詞に付き「な」に言い換えられない。
	格助詞	友人の家で遊ぶ。	場所や手段、原因などを表す。
	接続助詞	本を読んで待つ。	「で」の直前が音便化する。
	助動詞の一部	夢のようである。	「そうで」「ようで」で一語。

が	接続詞	眠い。が、仕事だ。	自立語で文頭にくることが多い。
	接続助詞	雨だが出かけよう。	活用する語に付いている。
	格助詞	チャイムがなる。	名詞や助詞に付き主語を表す。
な	終助詞	何も聞くな。	文末にある。
	助動詞（断定）	十月なのに、暑い。	「の」「のに」「ので」が続く。
	形容動詞の活用語尾	安全な乗り物。	「〜だ」と活用できる。
	連体詞の一部	おかしな話だ。	「〜だ」と活用できない。
	助動詞の一部	もろそうな細工。	「そうな」「ような」で一語。
に	格助詞	公園に行く。	名詞に付く。
	形容動詞の活用語尾	元気に遊ぶ。	「〜だ」「〜な」と活用することができる。
	副詞の一部	すぐに行くね。	「〜だ」「〜な」と活用することができない。
	接続助詞の一部	時間なのに来ない。	「のに」で逆接を表す。
	助動詞の一部	飛ぶように走る。	「ように」「そうに」で一語。
これ この	代名詞	これは難しい問題だ。	「〜は」と言えるかどうか。 ○「これは」＝代名詞
	連体詞	この問題は難しい。	×「このは」＝連体詞
大きな 大きい	連体詞	大きなケーキ。	「〜だ」と言えるか。 ×「大きだ」→×形容動詞 形容詞の活用に「〜な」はない。 →「大きな」は連体詞。
	形容詞	大きいケーキ。	言い切りが「い」＝形容詞。

右の表以外にも、同じ語でも文中での用いられ方によって品詞が異なるものがあるので、覚えておく。

❶ **あまり**…① 名詞 例 給食にあまりが出る。
② 副詞 例 今日はあまり楽しくなかった。

❷ **あるいは**…① 接続詞 例 青、あるいは緑で色をぬる。
② 副詞 例 あるいは成功するかもしれない。

❸ **けれど**…① 接続詞 例 けれど、彼は来ないでしょう。
② 助詞 例 少し早いけれど解散しましょう。 ※接続助詞になる

❹ **なお**…① 接続詞 例 なお、会場はこちらです。
② 副詞 例 祖父は今もなお健在だ。

❺ **また**…① 接続詞 例 米はおいしく、また栄養もある。
② 副詞 例 また会う日まで。

絶対おさえる！

☑ **パターンとともに、表の「見分け方」の部分もしっかりと覚えておくようにしよう！**

基礎カチェック！

1. 次の――線部と同じ働きのものをあとからそれぞれ選びなさい。

① 黒板に書いてある字を読む。
ア ある人の話をする。
イ 妹は小学生である。
ウ 図書室には本がたくさんある。

② こぼさないように気をつける。
ア 彼にはおさない弟がいる。
イ 今は食べない。
ウ その話には興味がない。

③ 姉の書く字はとてもきれいだ。
ア それはぼくのだ。
イ 昨夜は本を読んだ。
ウ 兄は帰るそうだ。
エ 妹はとても素直だ。

2. 次の――線部の説明として正しいものをあとからそれぞれ選びなさい。

(1) ① 彼女はとてもこどもらしい。
② あそこにいるのはこどもらしい。
ア 助動詞
イ 形容詞の一部

(2) ① あの大きな建物は学校だ。
② あれを私に貸してください。
ア 名詞
イ 連体詞

(3) ① いろんな絵を鑑賞して回る。
② いろいろな形の雲をながめる。
ア 形容動詞
イ 連体詞

答え

1. ①イ ②イ ③エ → 表参照
2. (1) ①イ ②ア
(2) ①イ ②ア
(3) ①イ ②ア → 表参照

確認問題

日付	○△×
／	
／	
／	

解答解説 ⇒ 別冊P16

1 次の――線部の「に」は、あとのア〜エのうちの、どの「に」と同じ使われ方をしているか。同じ使われ方をしているものをあとのア〜エから一つ選び、記号で答えなさい。［2019香川］

つねに同時に「教養人」でなければいけないということである。

ア 道をきれいに掃除する。　イ 会議は夜までに終わる。
ウ さらに一年が経過する。　エ 道ばたに花が毎年咲く。

2 「確かに」と品詞が同じものはどれか、次のア〜エから一つ選び、記号で答えなさい。［2019三重］

ア 大きな意味を持つ。　イ 静かな環境で過ごす。
ウ 直ちに出発する。　エ 実におもしろい本だ。

3 「手づかみだと熱いものは食べられない。」の――線部「ない」と、文法上同じ働きをしているものはどれか。次のア〜エから一つ選び、記号で答えなさい。［2019岩手］

ア 負担がかからないよう無理をさせない。
イ これまでのやり方が悪いわけではない。
ウ 機会を逃してしまうのはもったいない。
エ 彼の夢がかなう日はそれほど遠くない。

4 「いかなければならない」の「なけれ」と「ない」の品詞の組み合わせとして最も適当なものを一つ選び、記号で答えなさい。［2022三重］

ア 「なけれ」－動詞　「ない」－形容詞
イ 「なけれ」－形容詞　「ない」－助動詞
ウ 「なけれ」－形容動詞　「ない」－形容詞
エ 「なけれ」－助動詞　「ない」－助動詞

5 「かすかに」の品詞として、次のア〜エから最も適当なものを一つ選び、記号で答えなさい。［2021三重］

ア 形容詞　イ 形容動詞
ウ 連体詞　エ 副詞

6 「好きな」と品詞が異なる言葉を、次のア〜エから一つ選び、記号で答えなさい。［2020茨城］

ア 立派な家を建てる。　イ おかしな話をする。
ウ はるかな時を思う。　エ 大切な人と会う。

7 次の――線部「だ」と同じ意味（用法）であるものを、ア〜エから一つ選び、記号で答えなさい。［2021埼玉］

> 彼女の趣味は読書だ。ある日、休み時間に話しかけると、彼女は頭を上げ、本にそっとしおりを挟んだ（ア）。和紙で作られた少し大きめのしおりだ（イ）。教室に人は少なく、いつもより静かだ（ウ）。私が、好きな本について話そうと言うと、彼女の表情は少しやわらいだ（エ）。

8 **次のア〜エの——を付けた語のうち、一つだけ他と品詞の異なるものを選び、記号で答えなさい。** ［2021大阪］

ア　カーテン一枚窓にかけるだけで
イ　ある魅力的な空間を人が見て
ウ　僕らのつくる建築は原則として
エ　特定の機能というものはない、ということもできる

9 **次の文について、あとの問いに答えなさい。** ［2021鳥取］

ある[1]人が発した言葉が、今でも忘れられない[2]。

(1)　次のア〜エの傍線部のうち、「ある[1]」と同じ品詞の言葉を一つ選び、記号で答えなさい。

ア　かなり遠くの街まで行く。
イ　大きな絵を壁に掛ける。
ウ　新しい本が出版される。
エ　きれいな星空を眺める。

(2)　「ない[2]」の品詞を、次のア〜エから一つ選び、記号で答えなさい。

ア　動詞　　イ　形容詞　　ウ　助詞　　エ　助動詞

10 **「しばらく」について、次の問いに答えなさい。** ［2022沖縄］

(1)　「しばらく」の品詞名を、次のア〜エから一つ選び、記号で答えなさい。

ア　動詞　　イ　副詞　　ウ　形容詞　　エ　助動詞

(2)　「しばらく」と品詞の種類が異なるものを、次のア〜エから一つ選び、記号で答えなさい。

ア　おそらく　　イ　あらゆる
ウ　ゆっくり　　エ　ふっくら

11 **「その」と品詞が同じものを、次のア〜エから一つ選び、記号で答えなさい。** ［2019愛媛］

ア　そうむやみにことば遣いをとがめられる、という状況は
イ　これは好ましくない状況です
ウ　そこには、正誤を簡単に決めつけることへの
エ　あることばに対して、個人的に正誤の判断を行う

12 **次のア〜エの中で、品詞が異なるものを一つ選び、記号で答えなさい。** ［2019愛媛］

ア　いつぞやインターネットで見た
イ　さっと坂口さんにしかわからない
ウ　さすがに蒸し暑かったので
エ　ほのかな甘さが沁《し》みわたった

Chapter 17

文法 敬語

敬語とは、目上の方や初対面の方などに敬意を表すため使用する言葉。大きく次の三つに分類される。

1 尊敬語（聞き手や話題・動作の主を、直接高める言葉）

① 言葉自体に尊敬の意味を含む体言

例 先生・あなた・どなた

② 名前や所有物に「お」「ご」「さん」「様」などをつける

例 山田様・お父さん

それは田中様からのお手紙です。　※田中様に対する敬意＝尊敬語

③ 動作に「お（ご）～になる」「お（ご）～なさる」をつける

例 校長先生がお読みになる。お客様がご着席なさる。

④ 動作に尊敬の助動詞「れる」「られる」をつける

例 先生が話される。社長が事務所を出られた。

⑤ 特別な言い方をもつ動詞（尊敬動詞）

例 ・言う→おっしゃる　・行く→いらっしゃる

・くれる→くださる　・食べる→召し上がる

2 謙譲語（自分や身内をへりくだり、相手を高める言葉）

① 名前や所有物に「粗」「小」「拙」「ども」などをつける

例 ・粗品　・小生　・拙宅　・わたしども　・わたくしめ

合格へのヒント

● 三種類の敬語を見分けられるようになろう。日常生活で使って覚えるのもオススメ！

月　日

② 動作に「お（ご）～する」「お（ご）～いたす」をつける

例 私がお届けする。母がご案内いたします。

③ 特別な言い方をもつ動詞（謙譲動詞）

例 ・会う→お目にかかる　・知る→存じ上げる

・やる→あげる、差し上げる　・聞く→承る、うかがう

※動作を受ける相手に対して敬意を表す表現を「謙譲語Ⅰ」、自分の行為をかしこまって言うことで相手への敬意を表す表現を「謙譲語Ⅱ」と区別して分類する場合もある。

例 ・私はこれから先生のところへうかがいます。（謙譲語Ⅰ）

・私はこれから兄のところへ参ります。（謙譲語Ⅱ）

絶対おさえる！

☑ **身内に対する敬語には使い方に注意が必要。家族以外の相手や、社外の相手への話題では、たとえ目上の存在（両親、社長、上司など）であっても、謙譲語を使う。**

3 丁寧語（つけ加えることで、丁寧な言い方になる言葉）

① 接頭語「お」「ご」

例 お菓子・ご飯

※「美化語」と分類する場合もある。

※尊敬語と異なり、そのもの自体に敬意を払うわけではない。

② **丁寧の助動詞「です」「ます」、丁寧の意味をもつ動詞「ございます」**

例 これは鉛筆です。たくさんの人が歩いています。

お手洗いはあちらにございます。

③ **補助動詞「ございます（ある）」「おります（いる）」**

例 会議室はこちらでございます。

妹は市立の小学校通っております。

4 間違えやすい敬語表現

① 二重敬語

例（×）お客様がおっしゃられる。　（○）お客様がおっしゃる。

→一つの動詞に「おっしゃる」と「れる」、二つの尊敬語を使っている「二重敬語」は間違った表現。

② 特別な敬語表現

特別な尊敬語（尊敬動詞）と謙譲語（謙譲動詞）の両方をもつ動詞は、特に使い分けに注意する。

例（×）先生が参る。　（○）先生がいらっしゃる。

→話題の主が先生なので、使うべき敬語は「尊敬語」。「参る」は「謙譲語」。

尊敬動詞と謙譲動詞をもつ動詞一覧

普通語	尊敬語	謙譲語
行く・来る	いらっしゃる・おいでになる	参る・うかがう
食べる・飲む	召し上がる	いただく
見る	ご覧になる	拝見する
言う	おっしゃる	申す・申し上げる
する	なさる	いたす

絶対おさえる!

☑ **敬意を表したい相手について言う場合は「尊敬語」、自分や身内について言う場合は「謙譲語」を用いる。**

基礎カチェック!

1．次の――線部の敬語の種類をあとから一つずつ選びなさい。

① お客様がコートをお召しになる。

② いただいた書類を拝見します。

③ 明日は博物館に行く予定です。

④ 母はただ今外出しております。

⑤ 見て。きれいなお花が咲いているよ。

ア 尊敬語　イ 謙譲語　ウ 丁寧語

2．次の――線部を（　　）内の敬語表現に直しなさい。

① 社長は七時に帰るらしい。（尊敬語）

② 先生が言ったことを励みに頑張ります。（尊敬語）

③ 私が荷物を預かります。（謙譲語）

④ 素敵なプレゼントをもらう。（謙譲語）

⑤ 今日は暑いね。（丁寧語）

3．次の――線部の敬語の使い方が正しいものには○を、間違っているものは正しい表現を書きなさい。

① お父様はご自宅にいらっしゃいますか。

② コーヒーと紅茶、どちらにいたしますか。

③ 小鳥に毎朝えさと水をあげる。

④ 姉と二人でお見舞いにうかがいます。

⑤ どうぞ冷めないうちに召し上がられてください。

答え

1．①ア　②イ　③ウ　④イ　⑤ウ→1・2・3参照

2．①例 お帰りになる　②例 おっしゃっ
③例 お預かりし　④例 いただく　⑤例 暑いです→1・2・3参照

3．①○　②なさい　③やる　④○
⑤例 お召し上がり（召し上がって）→4参照

確認問題

日付			
○△×			

解答解説 別冊P17

1 「詳しく教えていただきたいと思います」について、「教えていただきたい」の敬語の種類は[A]で、「思います」の敬語の種類は[B]である。[A]、[B]の部分に入る最も適当なものを、次のア～ウから一つ選び、記号で答えなさい。 [2023熊本]

ア 尊敬語　イ 謙譲語　ウ 丁寧語

2 次の——線ア～エから丁寧語をすべて選び、記号で答えなさい。

毎週金曜日は、プラスチックごみの回収日ァです。ペットボトルはふたとラベルをはがし、水で洗って乾かしてから、回収ボックスに入れてィください。回収後は再利用させてゥいただきェます。

3 ——線部の敬語の正しい使い方として最も適当なものを、次のア～エから一つ選び、記号で答えなさい。 [2021新潟]

ア 姉が描いた絵を拝見してください。
イ あなたが私に申したことが重要です。
ウ 私が資料を受け取りにまいります。
エ 兄は先に料理を召し上がりました。

4 次の——線部の敬語の種類を、あとのア～ウから一つずつ選び、記号で答えなさい。

(1) 受付はあちらにございます。
(2) もうお帰りになりましたよ。
(3) 先生がそうおっしゃいました。
(4) お兄さんのことはよく存じ上げています。
(5) 山田はすぐに参ります。
(6) どちらになさいますか。

ア 尊敬語　イ 謙譲語　ウ 丁寧語

5 次の文章は、ある生徒が、職場体験を行った幼稚園に書いた礼状の一部である。——線ア～オから、敬語の使い方が正しくないものを一つ選び、記号で答えなさい。 [2023福島]

先日の職場体験では、大変お世話になりました。園にァ伺ったときは緊張していましたが、先生方が優しく話しかけてィくださったおかげで、積極的に活動することができました。先生方が笑顔で園児たちに接してゥいらっしゃる様子をェ拝見して、将来、私も先生方のように生き生きと働きたいと思いました。また、体験の最後の日に園長先生がォ申しあげた「こちらが笑顔で働いていると、周りの人たちも笑顔になってくれるよ。」という言葉が、心に残っています。

6 次は、郵便局の受付の掲示文である。この掲示文が、待つことを求める文となるように、[　]に入る表現を、「お……」という形の尊敬語を用いて書きなさい。 [2021北海道]

順番にお呼びしますので、番号札を取って[　]。

7 次の——線部の説明として最も適切なものを、あとのア～エから一つ選び、記号で答えなさい。なお、[A]・[B]は人物を表している。［２０２２栃木］

昨日、[A]は初めて[B]に<u>お目にかかった</u>。

ア　尊敬語で、[A]への敬意を表している。
イ　尊敬語で、[B]への敬意を表している。
ウ　謙譲語で、[A]への敬意を表している。
エ　謙譲語で、[B]への敬意を表している。

8 次の【話し合いの一部】の[①]～[③]に入ることばの組み合わせとして最も適当なものを、あとのア～エから一つ選び、記号で答えなさい。［２０１９大分］

【話し合いの一部】

北野さん　職場の方から「お客様にお茶とコーヒーのどちらにするか、聞いてきて。」と言われました。
内村さん　北野さんは、お客様にどのように尋ねたのですか。
北野さん　「お茶とコーヒーのどちらにいたしますか。」と尋ねました。
杉本さん　その表現には少し違和感があります。どちらがいいのかを選ぶ動作主を[①]と考えると[②]を使うのは変だと思うからです。
内村さん　では、どのような尋ね方がよいと思いますか。
森田さん　「お茶とコーヒーのどちらになさいますか。」ではどうでしょうか。動作主を[①]と考えれば、ここでは[③]を使う方がよいと思うからです。

ア　①　北野さん　②　謙譲語　③　尊敬語
イ　①　北野さん　②　尊敬語　③　謙譲語
ウ　①　お客様　②　謙譲語　③　尊敬語
エ　①　お客様　②　尊敬語　③　謙譲語

9 次の文の[　　]に入る敬語表現として誤っているものを、あとのア～エから一つ選び、記号で答えなさい。［２０１９大阪］

先生もこのお店をよく[　　]のですか。

ア　ご利用する
イ　ご利用になる
ウ　利用なさる
エ　利用される

10 次の文は、ある中学校の生徒が公民館の職員に宛てて書いた、お礼状の下書きの一部である。——線部「行きますので見て」について、ここで用いられているすべての動詞を、それぞれ適切な尊敬語または謙譲語に改めて、あとの文の[　　]に入るように、五字以上十五字以内で答えなさい。［２０２１山口］

よろしければ、今度、私たちがまとめたレポートを持って公民館に<u>行きますので見て</u>ください。

よろしければ、今度、私たちがまとめたレポートを持って公民館に[　　　　]ください。

Chapter 18

読解 韻文① 詩

合格へのヒント

● 詩の形式、技法は知識問題として頻出！ 詩に出会ったら、自分から確認してみよう。

月　日

1 詩の種類

・**用語**…**口語**（現在の話し言葉）・**文語**（昔の文体）

・**形式**…**自由詩**（音数や行数に決まりがない詩）

　定型詩（音数や行数に決まりがある詩）

→用語と形式の組み合わせで、①**口語自由詩**、②**口語定型詩**、③**文語自由詩**、④**文語定型詩**の四つに分けられる。

> **絶対おさえる！**
>
> ☑ **詩の形式は、文字数ではなく、音数で考えるとよい。拗音《ようおん》に注意。** 例 **ちょうちょう→四音**

・**内容**…**叙情詩**（作者の感情を表した詩）

　叙景詩（景色だけをそのまま描写した詩）

　叙事詩（歴史的な事件や出来事を描写した詩）

→景色の描写がある詩でも、詩の中に**作者の思いや感動**が含まれていれば、**叙情詩**。

2 詩の表現技法

❶ **比喩**…あるものを別のものにたとえ、印象を強める。

直喩（**明喩**）…「ようだ」「みたいだ」などを使ってたとえる。

例 太陽のような人　まるでおばけみたいな木

隠喩（**暗喩**）…「ようだ」「みたいだ」などを使わずにたとえる。

例 君は僕の太陽だ　彼はエメラルドの瞳をしている

擬人法…人間以外のものを人間に見立てて表現する。

例 風がささやく　雨が歌う

❷ **体言止め**…文末を体言（名詞）で止めることで、余韻を残す。

例 草木芽吹く春　始まりの季節

❸ **倒置法**…通常の語順を入れ替えることで、強調する。

例 子どもが歌う 楽しそうに（「子どもが楽しそうに歌う」が普通の語順）

❹ **対句**…対になる言葉を同じ構成で並べて、印象を強める。

例 自然は強くやさしく　人間は弱くおろかだ

❺ **反復**…同じ言葉や似た言葉をくり返し使い、リズムを生んで印象を強める。

例 あつい！ あつい！ あつい！ 夏がやってくる

❻ **省略**…文章の一部をあえて省略することで、余韻を残して印象を強める。

例 雨上がりの空に大きな虹が！（出ている）

❼ **声喩**…オノマトペ（音や声、様子や動きを表す語）で、表現を豊かにする。

擬声語（**擬音語**）…音や鳴き声を表す言葉。

例 トントン・ワンワン・ビュービュー・ザーザー

擬態語…物や気持ちの様子を表す言葉。

例 つるつる・そわそわ・にこにこ・ぷんぷん

3 詩の鑑賞

一語一語に注目し、作者の思いを読み取ろう。

❶ **くり返し読む**…リズムを感じ、**表現技法**などの基本事項をとらえる。

❷ **情景を思い描く**…場所や時刻、状況など、描かれている場面を想像する。

❸ **作者の心情をとらえる**…言葉のニュアンスに注目し、その言葉の選択をした作者の意図や思いを読み取る。

❹ **主題をつかむ**…詩全体の世界観を味わう。**題名**にも注目。

絶対おさえる!

☑ **表現技法を使って作者が強調した部分、内容を端的に表した題名に着目して主題を読み取ろう。**

基礎力チェック!

1. 次の――線部に使われている表現技法をあとから選びなさい。

① 太陽が笑っている。
② どこまでも続く地平線。
③ がちゃがちゃと鍵の開く音がした。
④ 優しい祖母は、まるで天使のようだ。
⑤ やっと やっと 春が来た。
⑥ 空は青く、雲は白い。
⑦ わが町に サーカスが!
⑧ 赤ちゃんのほっぺはマシュマロだ。
⑨ 必ずするよ、明日までに。
⑩ 弟はさっきから部屋をうろうろしている。

ア 倒置法　イ 対句　ウ 反復　エ 擬人法
オ 直喩　カ 体言止め　キ 隠喩　ク 擬声語
ケ 省略　コ 擬態語

2. 次の詩を読んで、あとの問いに答えなさい。

畠《はたけ》の雨　金子《かねこ》みすゞ

大根《だいこ》ばたけの春の雨、
青い葉っぱの上にきて、
小さな声で笑う雨。

大根ばたけの昼の雨、
赤い砂地《すなじ》の土にきて、
だまってさみしくもぐる雨。

① この詩の形式を次から選びなさい。
ア 口語定型詩　イ 口語自由詩
ウ 文語定型詩　エ 文語自由詩

② ――線部「小さな声で笑う雨」に使われている表現技法を次から二つ選びなさい。
ア 省略　イ 体言止め　ウ 直喩
エ 擬人法　オ 隠喩

③ 一連と二連では、それぞれ雨粒のどのような様子が表現されていますか。それぞれ次から選びなさい。
ア 雨粒が葉っぱの上にたまる様子。
イ 雨粒が葉っぱの上を転がる様子。
ウ 雨粒が地面の土に吸収される様子。
エ 雨粒が地面の上に落ちる様子。

答え

1. ①エ ②カ ③ク ④オ ⑤ウ ⑥イ ⑦ケ ⑧キ ⑨ア ⑩コ → 2参照
2. ①ア → 1参照 ②イ・エ → 2参照 ③一連 イ　二連 ウ

確認問題

日付	/	/	/
○△×			

解答解説 ⇒ 別冊P17

1 次の詩と鑑賞文を読んで、あとの問いに答えなさい。

*蝙蝠傘《こうもりがさ》の詩　黒田《くろだ》 三郎《さぶろう》
*雨傘。

雨の降る日に蝙蝠傘をさして
濡れた街路を少女達が歩いている

少女よ
どんなに雨が降ろうとも
あなたの黒い睫毛《まつげ》が明るく乾いていますように
ああ
どんなに雨の降る日でも
そこだけ雨の降らない小さな世界
そこにひとつの世界がある
三階の窓から僕は眺める
ひっそりと動いてゆく沢山の円い小さなきれいなものを
そのひとつの下で
あなたは別れてきたひとのことを思っている
そのひとつの下で
あなたは*せんのない買物の勘定をくりかえしている
*無意味な。
そのひとつの下で
あなたは来年のことを思っている
三階の窓から僕は眺める
ひっそりと動いてゆく円い小さなきれいなものを

〔2023福島〕

三階の窓から見下ろす「僕」の目が視覚的に捉えているものは、「 I 」です。それは何も語らないけれども、「ひっそりと動いてゆく」その様子が、「僕」に傘の下の少女達の Ⅱ 日常を想像させます。そのような「僕」の想像から、 Ⅲ まなざしを感じ取ることができるのです。

(1) I にあてはまる最も適切な言葉を、詩の中から十一字でそのまま書き抜きなさい。

(2) Ⅱ にあてはまる最も適切なものを、次のア～オから一つ選び、記号で答えなさい。

ア　静かに移ろいゆく　　イ　変わらずに安定している
ウ　まばゆく輝いている　　エ　退屈でうんざりする
オ　めまぐるしく変化する

(3) Ⅲ にあてはまる最も適切なものを、次のア～オから一つ選び、記号で答えなさい。

ア　明るく爽やかな　　イ　あたたかく優しい　　ウ　悲痛で切ない
エ　情熱的で激しい　　オ　控えめでむなしい

(4) この詩の説明として最も適切なものを、次のア～エから一つ選び、記号で答えなさい。

ア　周りの人々の幸せを祈るような表現によって、人との関わりを大切にしながらたくましく生きていこうという決意を表している。
イ　少女達一人一人を「あなた」と表現することで、蝙蝠傘をさして歩く人々がそれぞれの人生を生きていることを感じさせている。
ウ　皆同じように蝙蝠傘をさして歩く人々の様子を表現することで、人間関係の複雑さや社会の生きづらさを比喩的に描いている。
エ　雨に涙のイメージを重ね合わせて、蝙蝠傘に隔てられた孤独で癒されることのない個人の悲しみの世界を浮き彫りにしている。

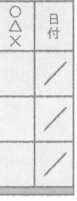

2 次の詩を読んで、あとの問いに答えなさい。 ［2023岩手］

未明の馬　丸山《まるやま》　薫《かおる》

夢の奥から蹄《ひづめ》の音が駆けよってくる
それは私の家の前で止まる
もう馬が迎えにきたのだ

私は今日の出発に気付く
すぐに寝床を跳《は》ね起きよう
いそいで身仕度に掛《か》からねばならない

ああ　そのまま耳に聞こえる
彼がもどかしそうに門の扉を蹴るのが
焦《い》ら立って　幾度も高く嘶《いなな》くの□

そして　眼《め》には見える
霜の凍る未明の中で
彼が太陽のように金《きん》色の翼をはやしているのが

（萩原昌好《はぎわらまさよし》『日本語を味わう名詩入門10』）

(1) 詩の中の□にはひらがな一字が入る。第三連、第四連に用いられている表現に着目して、最も適切なものを、次のア～エから一つ選び、記号で答えなさい。

ア は　イ を　ウ で　エ が

(2) 次の会話は、国語の授業で、この詩の内容について話し合ったものの一部である。［a］にあてはまる言葉は何か。詩の中から六字でそのまま抜き出して書きなさい。また、［b］にはどのような言葉が入るか。最も適切なものを、あとのア～エから一つ選び、記号で答えなさい。

先生　皆さんはこの詩をどのように読みましたか。注目した言葉と、その言葉から読み取れる内容について話し合ってみましょう。

敦子《あつこ》さん　第一連には、「夢の奥」から「馬が迎えにきた」とあります。そして第二連では、「私」が準備を始めている様子が「すぐに」「いそいで」と表現されていますから、「私」は落ち着かない様子だと言えます。

竜太《りゅうた》さん　それは、「私」だけではないと思います。第三連では「もどかしそう」「焦ら立って」「幾度も」と、「馬」も気持ちが高まっていることが表現されています。つまり、この「馬」は、「私」自身の心情と重ねられていると考えてよいのではないでしょうか。

友美《ともみ》さん　私は、五感に着目すると、第四連は違いがあることに気が付きました。第一連と第三連では「蹄の音」や「［a］」音、「高く嘶く」声のように、馬の様子が聴覚的に描かれていますが、第四連では、視覚的に描かれています。

昭雄《あきお》さん　たしかに、第四連では「眼には見える」とあります。でも「未明」を調べたら、夜明けより前を指す言葉だから、暗い時間帯のはずです。だから、馬の姿は暗闇の中に浮かび上がっているように感じられます。そこから、［b］がわかります。

ア 馬のイメージがよりはっきりと印象的に表現されていること
イ 過去に見た馬の姿を夢の中でぼんやりと思い出していること
ウ 暗闇でも馬の実際の姿をしっかり確認することができたこと
エ 馬の心情と私の気持ちの隔たりをうっすら予感していること

(3) ――線部「未明の馬」とあるが、この詩で「未明の馬」は何を意味していると読み取れるか。最も適切なものを、次のア～エから一つ選び、記号で答えなさい。

ア 大事な使命を果たした達成感と喜び
イ 時間がない早朝の焦《あせ》りともどかしさ
ウ これからの未来に対する希望や期待
エ 自分が置かれた状況の厳しさや不安

Chapter 19

読解 韻文② 短歌・俳句

1 短歌の知識

① 短歌の特徴

・基本は五・七・五・七・七の三十一音である。五・七・五・七・七より音数の多いものを字余り、少ないものを字足らず、という。

絶対おさえる!

☑ **文字数ではなく、音数で考える。**

例 **いちょう**〔3音〕　**しょうぶ**〔3音〕　**立春**（**りっしゅん**）〔4音〕

② 短歌の句切れ

・句切れ…意味や調子の切れ目。句点「。」の打てるところが句切れとなる。

上の句			下の句	
初句（一句）	二句	三句	四句	結句（五句）
＝五	＝七	＝五	＝七	＝七
初句切れ	二句切れ	三句切れ	四句切れ	句切れなし

・**五七調**…二句切れ、四句切れの短歌。
　↓男性的なイメージの、素朴で力強い句調とされる。

・**七五調**…初句切れ、三句切れの短歌。
　↓女性的なイメージの、優雅で優しい句調とされる。

例 見わたせば花も紅葉《もみぢ》もなかりけり浦の苫屋《とまや》の秋の夕暮《ゆふぐれ》　藤原定家《ふじわらのさだいえ》

↓「なかりけり」で句点を打てるので三句切れ。七五調。

※句末が「し・つ・ぬ・り・ず・む」である句が、区切れの位置になることが多いのも覚えておくとよい。

③ 短歌の表現技法

・**枕詞《まくらことば》**…あとに続く特定の語句を導き出すための語。多くは五音からなり、普通は訳さない。

例 「たらちねの」→母・「ちはやぶる」→神・「あをによし」→奈良

・**序詞《じょことば》**…枕詞と同じ働きをするが、あとに続く語句に決まりはなく、音数も不定である。

例 多摩川《たまがは》にさらす手作りさらさらに何そこの児《こ》のここだ愛《かな》しき　東歌《あずまうた》
＝「さらさらに」を導く序詞

・**掛詞《かけことば》**…一つの語に二つ以上の同音の意味をもたせる技法。

例 ふみ…「文《ふみ》（手紙）」と「踏み」、あき…「秋」と「飽き」

絶対おさえる!

☑ **掛詞が使われているときには、二つ以上の意味が含まれていることを意識して読もう。**

合格へのヒント

●短歌や俳句は音のリズムが大切。音読しながら学習すると、慣れやすい！

月　日

2 俳句の知識

① 俳句の特徴

・五・七・五の十七音。
・五・七・五より音数の多いものを字余り、少ないものを字足らず、という。
・自由律俳句…五・七・五の定型をはみ出した俳句。

例 分け入つても分け入つても青い山　種田山頭火《たねださんとうか》

・季節を表す言葉（季語）が入る。季語のない俳句を無季俳句という。季語は歳時記にまとめられているが、その季節は旧暦がもとになっているため、現在の感覚とずれる場合がある。

季節	新年	春1～3月	夏4～6月	秋7～9月	冬10～12月
季語 例	正月・お年玉・羽子《はね》	桜・土筆《つくし》・入学式・雪解け	蝉《せみ》・新緑・鯉《こい》のぼり・五月雨《さみだれ》	栗・秋桜《こすもす》・紅葉・七夕	雪・咳《せき》・こたつ・みかん

※月日がはっきりわかる季語には、季節の理解が必要。

② 俳句の句切れ

考え方は短歌と同じだが、俳句には二句の途中で切れる中間切れという表現もある。

・切れ字…俳句の中で句の切れ目に用いられる語。切れ字の直前の部分に作者の感動の中心がある。「や」「かな」「けり」など。

例 荒海や佐渡《さど》によこたふ天河《あまのがは》　松尾芭蕉《まつおばしょう》

→切れ字「や」があるので初句切れ。
季語は「天河」、季節は「秋」。

絶対おさえる！

☑ **俳句では季語をもとに季節を考え、切れ字があればそこから作者の感動をとらえよう。**

基礎カチェック！

1. 次の短歌を読んで、あとの問いに答えなさい。

A 瓶《かめ》にさす藤《ふじ》の花ぶさみじかければ畳《たたみ》の上に届かざりけり　正岡子規《まさおかしき》

B 大江山いく野の道の遠ければまだふみもみず天《あま》の橋立《はしだて》　小式部内侍《こしきぶのないし》

C たらちねの母がつりたる青蚊帳《あおがや》を
すがしといねつたるみたれども　長塚節《ながつかたかし》

① 字余りの短歌をA～Cから選びなさい。
② 枕詞が使われている短歌をA～Cから選びなさい。また、その枕詞を答えなさい。
③ BとCはそれぞれ何句切れですか。
④ Bの――線部に使われている掛詞を「―と―が掛けられている。」という形で答えなさい。

2. 次の俳句を読んで、あとの問いに答えなさい。

A 赤い椿《つばき》白い椿と落ちにけり　河東碧梧桐《かわひがしへきごとう》

B 菜の花や月は東に日は西に　与謝蕪村《よさぶそん》

① 字余りの句をA・Bから選びなさい。
② Aの季語と、季語が表す季節を答えなさい。
③ Bの切れ字を答えなさい。
④ Bは何句切れですか。

答え

1. ①A ②C・たらちねの ③B四句切れ　C四句切れ
④文と踏みが掛けられている。→1参照

2. ①A ②（季語）椿　（季節）春
③や ④初句切れ →2参照

確認問題

日付	○△×
／	
／	
／	

解答解説 別冊P18

1 次は、生徒たちが俳句について話し合っている場面である。これについて、あとの問いに答えなさい。

〔2020栃木〕

スケートの紐《ひも》むすぶ間も逸《はや》りつつ　山口誓子《やまぐちせいし》

Aさん「この句は、作者がスケート場で靴の紐を~ア~結びながら少年の頃を思い出し、早くスケートをしたいというわくわくした心情を詠《よ》んだものだそうだよ。」

Bさん「作者の（　①　）ような心情やその場の情景が~②~想像できるね。作品や作者についてよく調べることが俳句の鑑賞では大切なことだね。」

Cさん「それも鑑賞の一つだけれど、作品や作者について調べるだけでなく、読む人によって様々な捉え方ができるのも俳句のよさだと思う。私は~③~幼い子どもが~イ~初めてスケートをするときの情景を想像したよ。」

Aさん「それも~ウ~おもしろくていいね。俳句の十七音から色々なことが想像できるんだね。」

Bさん「なるほど。確かに、AさんとCさんが~エ~言うように、（　④　）のも俳句の魅力だね。」

(1) この俳句と同じ季節を詠んだ俳句はどれか、次のア～エの中から一つ選び、記号で答えなさい。

ア　山風にながれて遠き雲雀《ひばり》かな　飯田蛇笏《いいだだこつ》
イ　名月や池をめぐりて夜もすがら　松尾芭蕉《まつおばしょう》
ウ　音もなし松の梢《こずえ》の遠花火　正岡子規《まさおかしき》
エ　淋《さび》しさの底ぬけて降るみぞれかな　内藤丈草《ないとうじょうそう》

(2) （　①　）に入る慣用句として最も適切なものを、次のア～エの中から一つ選び、記号で答えなさい。

ア　胸が躍る
イ　肝を冷やす
ウ　舌を巻く
エ　目が泳ぐ

(3) ――線②「想像」と熟語の構成が同じものを、次のア～エの中から一つ選び、記号で答えなさい。

ア　抜群
イ　海底
ウ　削除
エ　未来

(4) ――線③「幼い」と品詞が同じ語を、――線部ア～エの中から一つ選び、記号で答えなさい。

(5) （　④　）に入るものとして最も適切なものを、次のア～エの中から一つ選び、記号で答えなさい。

ア　音読を通してリズムや調子を読み味わうことができる
イ　心情や情景を豊かに想像して読み味わうことができる
ウ　作者による作品の解説に従い読み味わうことができる
エ　表現技法の効果を取り上げて読み味わうことができる

2 次は、生徒たちが俳句について話し合っている場面である。これについて、あとの問いに答えなさい。 〔2021栃木〕

> 大寺を包みてわめく木《こ》の芽かな　　高浜虚子《たかはまきょし》
>
> Aさん「この句の季語は『木の芽』だよね。」
> Bさん「そうだね。この句は、『わめく』という表現が印象的だけれど、どういう情景を詠んだものなのかな。」
> Aさん「先生から①教えてもらったのだけれど、『わめく』というのは、寺の周囲の木々が一斉に芽を（　②　）た情景だそうだよ。」
> Bさん「なるほど。木々の芽が一斉に（　③　）た様子を『わめく』という言葉で表しているんだね。おもしろいね。」
> Aさん「表現を工夫して、俳句は作られているんだね。私たちも俳句作りに挑戦してみようよ。」

(1) この句に用いられている表現技法を、次のア～エの中から一つ選び、記号で答えなさい。

ア　対句
イ　直喩
ウ　体言止め
エ　擬人法

(2) ——線①「教えてもらった」を正しい敬語表現に改めたものを、次のア～エの中から一つ選び、記号で答えなさい。

ア　お教えした　　イ　教えていただいた
ウ　お教えになった　　エ　教えてくださった

(3) （　②　）、（　③　）には、「出る」と「出す」のいずれかを活用させた語が入る。その組み合わせとして正しいものを、次のア～エの中から一つ選び、記号で答えなさい。

ア　②出し　③出　　イ　②出し　③出し
ウ　②出　③出し　　エ　②出　③出

3 次の短歌を読んで、あとの問いに答えなさい。 〔2020神奈川〕

> はなやかに轟《とどろ》くごとき夕焼《ゆうやけ》はしばらくすれば遠くなりたり　　佐藤《さとう》佐太郎《さたろう》

この短歌を説明したものとして最も適切なものを、次のア～エの中から一つ選び、記号で答えなさい。

ア　空に赤色が広がるさまをひらがなで表し、夕暮れ時のもの悲しさを忘れて見入った姿を明示することで、静かな喜びを鮮明に描いている。
イ　赤く染まった空の美しさを聴覚的に捉え、時間が経過して色あせたさまを自らとの距離として示すことによって、効果的に描いている。
ウ　街を染める夕焼を擬人的に表し、あっけなく夜が訪れたことへの孤独を暗示することで、あらがうことのできない自然を壮大に描いている。
エ　激しい音が響く中で目にした夕焼を直喩で示し、赤色が薄れて闇に包まれた後の静けさと対比させることによって、感傷的に描いている。

4 次の和歌を読んで、あとの問いに答えなさい。 〔2023山口〕

> こずゑには吹くとも見えで（見えないで）桜花かほるぞ風のしるしなりける（風が吹いている証拠なのだなあ）　　源俊頼《みなもとのとしより》

——線部「風のしるしなりける」とあるが、何が「風のしるし」なのか。現代語で答えなさい。

Chapter 20

読解 古文

1 歴史的仮名遣い

古文に使われている仮名遣いを歴史的仮名遣いと言い、現代仮名遣いに直して読む。

現代仮名遣いへの直し方	例
語頭と助詞以外の「は・ひ・ふ・へ・ほ」→「わ・い・う・え・お」	あはれ→あわれ、思ひ→思い 言ふ→言う、たとへ→たとえ、なほ→なお
ワ行の「ゐ・ゑ・を」→「い・え・お」	ゐる→いる、こゑ→こえ、をかし→おかし
ぢ→じ　づ→ず	もみぢ→もみじ、よろづ→よろず
む→ん くわ（ぐわ）→か（が）	やむごとなし→やんごとなし ぐわんじつ→がんじつ
ア段＋う（ふ）→オ段＋う イ段＋う（ふ）→イ段＋ゅう エ段＋う（ふ）→イ段＋ょう	やうやう→ようよう あやしう→あやしゅう けふ→きょう

2 重要な古語

古語の中には、現代語と意味が異なるものがある。

① 現代語とは異なる意味で使われる語

あはれ　…古「しみじみとした趣がある」　現「かわいそうだ」
うつくし…古「かわいい」　現「美しい」
かなし　…古「愛おしい」　現「悲しい」
年《とし》ごろ　…古「長年」　現「ふさわしい年齢」
やがて　…古「そのまま・すぐに」　現「そのうち」
をかし　…古「風情《ふぜい》がある・おもしろい」　現「こっけいだ」

② 現代では使われなくなった語

いと　…古「たいそう・とても・まったく」
さらなり　…古「言うまでもない」
つきづきし…古「似つかわしい・ふさわしい」
ゆかし　…古「見たい・聞きたい・知りたい」

3 古文の特徴

① 主語の省略…前に書かれた内容からわかる場合、主語が省略される。

例「老父あり。たださへかすむ目もとの暮方《くれがた》に、（老父が）二階よりおりんとする。」

② 助詞の省略…「は」や「が」などの助詞が省略されることがある。

例「雨など（が）降るもをかし」

③ 古文特有の助動詞がある

例「男ありけり」＝男がいた〔けり＝過去〕
「筒の中光りたり」＝筒の中が光っている〔たり＝存続〕

④ 助詞「の」の用法

・主語を表す…例「夕日のさして」＝夕日がさして
・連体修飾語…例「竹の中に」

合格へのヒント

● 歴史的仮名遣いへの慣れが、古文の第一歩。意味がわかりにくい文もまずは声に出そう。

4 係り結び

文中に係り結びを起こす助詞（係助詞）「ぞ」「なむ」「や」「か」「こそ」がある場合、文末が決まった形に変化すること。「ぞ」「なむ」「こそ」は**強調**、「や」「か」は**疑問・反語**の意味を付け加える。

＊反語…「～か、いや、～ではない」と表現することで否定の心情を強調する。

例
「もと光る竹［　］一筋ありけり」←係助詞がない文
「もと光る竹［なむ］一筋ありける」←係助詞「なむ」がある場合＝「根元の光る竹」を強調している。
「けり」の連体形「ける」に変化

例
「尊く［　］おはしけり」←係助詞がない文
「尊く［こそ］おはしけれ」←係助詞「こそ」がある場合＝「尊いということ」を強調している。
「けり」の已然《いぜん》形「けれ」に変化

絶対おさえる！

☑ **係り結びを起こす助詞の種類によって、文末の形が異なる。**
○**ぞ・なむ・や・か　→　文末が連体形に変化する。**
○**こそ　→　文末が已然形に変化する。**
＊**已然形とは…「すでにそうなった」「すでにそうした」を表す活用形。**

基礎カチェック！

1. 次の①～⑫を現代仮名遣いに直しなさい。
① わざはひ　② たまへ　③ にほひ
④ をかし　⑤ ゐなか　⑥ ちゑ
⑦ はぢ　⑧ めづらし　⑨ かむなづき
⑩ ぐわんじつ　⑪ いふやう　⑫ いみじう

2. 次の文の（　）に省略されている語を補いなさい。
竹取の翁《おきな》といふもの（　）ありけり

3. 次の――線部ア～ウの「の」から、主語を表す働きのものを選びなさい。
夕日アのかかやいたるに、みな紅《くれなゐ》イの扇の日出《い》だしたるが、白波ウの上に漂ひ……。

4. 次の文から係助詞と結びの語を抜き出しなさい。
① あやしうこそものぐるほしけれ
② 名をばさぬきのみやつことなむいひける
③ ふるさとは花ぞ昔の香ににほひける

答え

1. ①わざわい　②たまえ　③におい　④おかし　⑤いなか　⑥ちえ　⑦はじ　⑧めずらし　⑨かんなづき　⑩がんじつ　⑪いうよう　⑫いみじゅう → 1参照
2. が → 3参照
3. ア → 3参照
4. ①係助詞…こそ　結びの語…ものぐるほしけれ
②係助詞…なむ　結びの語…ける
③係助詞…ぞ　結びの語…ける → 4参照

確認問題

日付	○△×
/	
/	
/	

解答解説 別冊P19

1 次の文章を読んで、あとの問いに答えなさい。（……の左側は口語訳です。） ［2022埼玉］

むかし、天智天皇《てんぢ》と申すみかどの、野にいでて鷹狩《たかがり》せさせ給《たま》ひける《鷹をつかった狩りをなさった》に、御鷹、風にながれてうせにけり。むかしは、野をまもる者ありけるに、召して、「御鷹うせにたり、①たしかにもとめよ。」と仰《おほ》せられければ《おっしゃったので》、かしこまりて、「御鷹は、かの岡の松のほつえ《上の枝》に、南にむきて、しか侍《はべ》る。」と申しければ、おどろかせ給ひにけり。「そもそもなんぢ、地にむかひて、かうべを地につけて、②ほかを見る事なし。いかにして、③こずゑにゐたる鷹のあり所を知る。」と問はせ給ひければ、野《の》守《もり》のおきな「民は、公主におもてをまじふる《君主に顔を見せる》事なし。しばのうへにたまれる水を、かがみとして、かしらの雪《白髪》をもさとり、おもてのしわをもかぞふるものなれば、そのかがみをまぼりて《うかがい見て》、御鷹の木居《こゐ》《木の枝に止まっていること》を知れり。」と申しければ、そののち、野の中にたまれりける水を、野守のかがみとはいふなり、とぞいひつたへ［④］。

（『俊頼髄脳《としよりずいのう》』による。）

(1) ――線①「たしかにもとめよ」とありますが、天智天皇は誰にどのようなことを命じたのですか。空欄［Ⅰ］にあてはまる内容を書きなさい。

［Ⅰ］ことを命じた。

(2) ――線②「ほかを見る事なし」の主語を、次のア～エの中から一つ選び、記号で答えなさい。

ア 作者　イ 天智天皇　ウ 御鷹　エ 野をまもる者

(3) ――線③「こずゐにゐたる」とありますが、この部分を「現代仮名遣い」に直し、ひらがなで書きなさい。

(4) ［④］にあてはまる言葉として最も適切なものを、次のア～エの中から一つ選び、記号で答えなさい。

ア たら　イ たり　ウ たる　エ たれ

(5) 本文の内容について述べた文として最も適切なものを、次のア～エの中から一つ選び、記号で答えなさい。

ア 天智天皇は、御鷹が風に流されたのは、野守のおきなが管理を怠っているせいだと考えた。

イ 天智天皇は、野守のおきなが自らの顔を見ないで話し続けたことに、強い怒りを感じた。

ウ 野守のおきなは、水たまりに映しだされた様子から、御鷹が止まっている場所を知った。

エ 野守のおきなは、職務を忠実に果たしたため、「野守のかがみ」と呼ばれるようになった。

2 次の文章を読んで、あとの(1)～(5)の問いに答えなさい。

［2022香川］

*小早川中納言殿《こばやかはちゆうなごん》、三原《みはら》の館に①おはしける時、京の人来りて、この頃*京わらんべの*謡《うたひ》に、「おもしろの春雨《はるさめ》や。花のちらぬほどふれかし」とうたふよし②語りければ、③中納言殿感じ給《たま》ひて、「それはすべての物事に渉《わた》りてことわりある謡なり。いかばかりおもしろき物も、よき程といふ事ありて、茶や*香やおもしろくても、*猿楽がおもしろくても、学問がおもしろくても、本業を喪《うしな》はぬほどになすべき事なり」と*仰《おほ》せられしよし。いかにも茶香猿楽の類《たぐひ》はさる事なれども、学問して本業を喪ふとおほせしは本意違《たが》へり。学問は身を修め家を斉《ととの》へ、国天下を*平治するの道なれば、その本業を失ふは学問にはあらず。身修まり家斉ひては、④いかで本業を失ふべきや。

（菅茶山《かんちゃざん》『筆のすさび』による。）

*小早川隆景《たかかげ》。戦国時代・安土桃山時代の武将。　*京の町の若者。
*詩歌や文章に節をつけて歌ったもの。　*香木の香りを楽しむ芸道。
*能楽の古い呼び方。　*おっしゃったということだ。　*世を平和に治める。

(1) ――線①「おはし」は、現代かなづかいでは、どう書くか。ひらがなを用いて書きなおしなさい。

(2) ――線②「語りければ」とありますが、これはだれが何をしたことを表現していますか。最も適切なものを次のア～エの中から一つ選び、記号で答えなさい。

ア 京の知人を訪ねていた中納言が、京の町で若者が歌っていた謡について尋ねたこと。
イ 中納言を訪ねてきた京の人が、京の若者の間で流行している謡を話題に出したこと。
ウ 京の町中で中納言に出会った若者が、近頃気に入っている謡を中納言に教えたこと。
エ 中納言の館に滞在していた京の若者が、中納言に求められて京の謡を披露したこと。

(3) ――線③「中納言殿感じ給ひて」とありますが、中納言が感心したのはなぜですか。それを説明した次の文の□内にあてはまる言葉を、本文中からそのまま抜き出して、五字以内で書きなさい。

「なんと趣深い春雨だことよ。花が散らない程度に降ってくれ」という意味を持つ謡が、広く一般に通用する世の□を含んでいると感じたため。

(4) ――線④「いかで本業を失ふべきや」とありますが、これはどういう意味ですか。最も適当なものを次のア～エから一つ選び、記号で答えなさい。

ア どうして本業を失わないといえるのか
イ どうすれば本業を失っても許されるのか
ウ どうして本業を失うことがあるものか
エ どうすれば本業を失わなくてすむのか

(5) 本文の中で述べられている、茶や香、猿楽などの諸芸と学問についての、中納言と筆者の考えとして最も適当なものを次のア～エから一つ選び、記号で答えなさい。

ア 中納言は諸芸や学問を本来の職務を果たしたうえでなすべきものと考えており、筆者は諸芸や学問を追究することを最優先とするべきと考えている。
イ 中納言は諸芸や学問を文化として奨励するべきと考えており、筆者は本来の職務を果たす妨げにならない程度に諸芸を楽しむのがよいと考えている。
ウ 中納言は諸芸や学問をいずれもやりすぎないことがよいものと考えており、筆者は天下を治める道に通じる学問は諸芸とは異なるものと考えている。
エ 中納言は諸芸や学問を国を治めるために必要な教養と考えており、筆者は諸芸や学問などよりも家や国のことを大切に思うべきであると考えている。

Chapter 21

漢文

読解

合格へのヒント

● 返り点・書き下し文は漢文必須の知識！文を指さして、順序を確認しながら読もう。

月　日

1 訓点

漢文を日本語の文章として読むことを訓読、訓読のために漢文の原文（白文）に付ける符号を訓点という。

❶ **送り仮名**…漢文に付属語や活用語尾を補うためのもの。漢字の右下にカタカナでつける。

❷ **返り点**……**訓読の語順**を示す。漢字の左下に付ける。

・**レ点**…すぐ下の一字から返って読む。

3 レ 2 レ 1

例 読《ム》レ書《ヲ》。（書を 読む。）

・**一・二点**…二字以上、上に返って読む。

3 二 1 2 一

例 思《フ》二故郷《ヲ》一。（故郷を 思ふ。）

※レ点と一・二点の併用である「㆑点」などもある。

・**上・（中）・下点**…一・二点をはさみ、さらに返って読む。

5 下 3 二 1 2 一 4 上

例 悪《ム》下称《スル》二人之悪《ヲ》一者《ヲ》上。（人の悪を称《しょう》する者を悪《にく》む。）

絶対おさえる！

☑ **漢文は、上から順に読む。途中返り点がついた字はいったん飛ばし、返り点の指示に従って読む。**

2 書き下し文

訓点に従って漢字とひらがな交じりの文で書き改めたもの。送り仮名や「不（ず）」「也（なり）」などのようにひらがなに直して書く文字がある。

例 不《ず》レ合《ハ》レ理《ニ》。→理に合はず。

ひらがなに直す

※置き字…訓読の際に読まない字。「而・於・乎」など。

例 良薬《ハ》苦《シ》二於口《ニ》一。→良薬は口に苦し。

読まない字

3 漢詩の知識

漢詩は、一行（句）に使われる漢字の数が七字のものと五字のものがある。詩を構成する句の数の違いと組み合わせて四つに分けられる。

・**絶句**…句数が四句の詩。一句が五字のものを五言絶句、七字のものを七言絶句という。起承転結の構成。

・**律詩**…句数が八句の詩。一句が五字のものを五言律詩、七字のものを七言律詩という。第三句と第四句、第五句と第六句はそれぞれ対句になる。

・**対句**…形や意味の似た二つの句を対応するように並べる表現技法。

・**押韻**…「深《シン》」「心《シン》」「金《キン》」のように同じ音の響きをもつ漢字を一定句末に置くこと。原則、五言詩は偶数句末、七言詩は第一句末と偶数句末で押韻する。

【五言絶句】

□□□□□ －起－
□□□□押 －承－
□□□□□ －転－
□□□□押 －結－

【七言絶句】

□□□□□□押
□□□□□□押
□□□□□□□
□□□□□□押

【五言律詩】

□□□□□
□□□□押
□□□□□
□□□□押
対句
□□□□□
□□□□押
対句
□□□□□
□□□□押

【七言律詩】

□□□□□□押
□□□□□□押
□□□□□□□
□□□□□□押
対句
□□□□□□□
□□□□□□押
対句
□□□□□□□
□□□□□□押

※押韻と対句の例　杜甫《とほ》「秋興八首《しゅうこうはっしゅ》　その一」

玉露凋傷楓樹林　玉露《ぎょくろ》凋傷《ちょうしょう》す　楓樹《ふうじゅ》の林
巫山巫峡気蕭森　巫山《ふざん》　巫峡《ふきょう》　気　蕭森《しょうしん》たり
江間波浪兼天湧　江間《こうかん》の波浪は天に兼《つら》りて湧き
塞上風雲接地陰　塞上《さいじょう》の風雲は地に接して陰《くも》る
（対句）
叢菊両開他日涙　叢菊《そうきく》　両《ふた》たび開く　他日《たじつ》の涙
孤舟一繋故園心　孤舟《こしゅう》　一に繋ぐ　故園の心
（対句）
寒衣処処催刀尺　寒衣《かんい》　処処《しょしょ》に刀尺《とうせき》を催《うなが》し
白帝城高急暮砧　白帝城《はくていじょう》高くして暮砧《ぼちん》急なり

① 「林《リン》」「森《シン》」「陰《イン》」「心《シン》」「砧《チン》」と**似た音を持つ漢字**で押韻している。

② **句の形が似ている、三句と四句・五句と六句が対句になっている。**

絶対おさえる!

☑ **押韻は、漢字の音読みで考え、対句は句の形で考える。**

基礎カチェック!

1. 次の□の中に読む順序を数字で書きなさい。

① □□レ□レ□。
② □二□□一□二□□一。
③ □レ□二□□□一。

2. 次の訓読文を書き下し文に直して書きなさい。

① 春眠不レ覚エレ暁ヲ。
② 温ネテレ故キヲ知ルレ新シキヲ。
③ 百聞ハ不レ如カ二一見ニ一。

3. 書き下し文を参考にして、次の漢文に返り点をつけなさい。

① 歳月は人を待たず。

歳月ハ不待タ人ヲ。

② 人事を尽くして天命を待つ。

尽クシテ人事ヲ待ツ天命ヲ。

答え

1. ①1432　②312645　③54123 → 1参照
2. ①春眠暁を覚えず。　②故きを温ねて新しきを知る。　③百聞は一見に如かず。 → 2参照
3. ①歳月ハ不レ待タ人ヲ。　②尽クシテ二人事ヲ一待ツ二天命ヲ一。 → 2参照

確認問題

日付	○△×
／	
／	
／	

解答解説 別冊P21

1 次の書き下し文と漢文を読んで、あとの問いに答えなさい。 ［2022兵庫］

〔書き下し文〕

魏《ぎ》の明帝《めいてい》、宣武場上《せんぶちやうじやう》に於《お》いて（のあたりで、）、虎の爪牙《さうが》を断ち、百姓《ひやくせい》（多くの人民）の之《これ》を観《み》るを縦《ゆる》す。王戎《わうじゆう》七歳なるも、亦往《またゆ》きて看《み》る。虎間《すき》を承《うかが》ひ欄《おり》に攀《よ》ぢて吼《ほ》え、其《そ》の声地を震はす。観る者辟易顛仆《へきえきてんぷ》せざるは無し。戎湛然《たんぜん》として動ぜず。了《つひ》に恐るる色無し。

〔漢文〕

魏ノ明帝、於イテ二宣武場上ニ一、断チ二虎ノ爪牙ヲ一、縦ス二百姓ノ観ルヲ一レ之ヲ。王戎七歳ナルモ、亦往キテ看ル。虎承ヒレ間ヲ攀ヂレ欄ニ而吼エ、其ノ声震ハスレ地ヲ。観ル者無シ不ざルハ辟易顛仆セ。戎湛然トシテ不レ動ゼず。了ニ無シ二恐ルル色一。

（劉義慶《りゆうぎけい》『世説新語《せせつしんご》』）

＊魏明帝…古代中国の魏の国の皇帝。
＊宣武場…兵士を訓練するための広場。練兵場。
＊王戎…人物の名。
＊辟易顛仆…たじろいで倒れ伏す。
＊湛然…しずかなさま。

(1) ――線①「之」とは何ですか。書き下し文から一語で抜き出しなさい。

(2) 書き下し文の読み方になるように、傍線部②に返り点をつけなさい。

(3) ┈┈線a・bの主語として適切なものを、次のア～エから一つ選び、記号で答えなさい。

ア 魏の明帝　イ 百姓　ウ 王戎　エ 虎

(4) 本文では、王戎はどのように描かれていますか。その説明として最も適切なものを、次のア～エから一つ選び、記号で答えなさい。

ア 大人しく、積極的に行動することができない子ども。
イ 度胸があり、落ち着いて状況をとらえられる子ども。
ウ 無鉄砲で、後先を考えることなく行動する子ども。
エ 強い意志を持ち、人の意見に流されない子ども。

2 次の文章を読んで、あとの(1)～(3)に答えなさい。 ［2022青森］

【漢文】

漢人ニ有リ適クモノ二呉ニ一。呉人設クレバレ筝ヲ、問フ「是レ何物ゾト。」語ゲテ曰ハク「竹也ト。」帰リテ煮ルモ二其ノ床簀ヲ一而不レ熟セ、乃チ謂ヒテ二其ノ妻ニ一曰、「呉人ハ轣轆タリ、欺クコトレ我ヲ如シレ此クノ。」

『笑林《しようりん》』より

【書き下し文】

漢人《かんひと》（漢の国の人で）に呉《ご》に適《ゆ》くもの有り。呉人《ごひと》（呉の国の人がたけのこ料理を用意したところ）筝《たけのこ》を設《まう》くれば、問ふ「是《こ》れ何物ぞ。」と。語《つ》げて曰《い》はく、「竹なり。」（竹です）と。帰りて其《そ》の床簀《しやうさく》を煮るも熟せず、乃《すなは》ち其の妻に謂《い》ひて曰はく、「呉人は轣轆《れきろく》たり、我を欺くこと此《か》く（このようだ）のごとし。」と。

＊床簀…ベッドに敷くための竹で編んだ敷物。
＊轣轆…人を偽り、欺くこと。

(1) ═線「有リ適クモノ呉ニ」に、【書き下し文】を参考にして、返り点をつけなさい。

(2) ──線「問ふ」の主語として最も適切なものを、次のア～エから一つ選び、記号で答えなさい。

ア 作者　イ 漢人　ウ 呉人　エ 妻

(3) 【漢文】にある「漢人」と、次の【資料】にある「宋人」について、両者に共通する内容として最も適切なものを、あとのア～エから一つ選び、記号で答えなさい。

【資料】

宋人《そうひと》（宋の国の人で畑を）に田を耕す者有り。田中《でんちゅう》（畑の中に木の切り株があり）に株有り。兎《うさぎ》走りて株に触れ（突き当たり）、頸《くび》を折りて死す。因《よ》りて其《そ》の耒《すき》を釈《す》てて（そこで自分のすきを放り出して）株を守り（切り株の番をし）、復《ま》た（再び）兎を得んと冀《ねが》ふ（手に入れようと待ち望んだ）。兎復た（兎を二度とは）得《う》べからずして（手に入れることができず）、身は（彼自身は）宋国の笑《わらひ》と為《な》れり。

『韓非子《かんぴし》』より

ア 両者とも自分の思い違いに気づいていない。
イ 両者とも自分の失敗を人のせいにしている。
ウ 両者とも古い習慣を改めることができない。
エ 両者とも予想通りになって満足している。

3 **次の漢詩は、李白《りはく》が友人の汪倫《おうりん》に対して、感謝の思いを詠《よ》んだものである。これを読んで、後の問いに答えなさい。**

［2022岐阜］

贈ル二汪倫ニ

李白乗ツテレ舟ニ将ニレ欲スレ行カント
忽チ聞ク岸上踏歌ノ声
桃花潭水深サ千尺
不バ及汪倫送ルノ我ヲ情ニ

汪倫に贈る

李白舟に乗って将《まさ》に行かんと欲《ほっ》す（出発しようとした）
忽《たちま》ち（ふと）聞く岸上《がんじやう》（岸のほとり）踏歌《とうか》の声
桃花潭水《とうかたんすい》深さ千尺（とても深い）
及ばず汪倫我を送るの情に

＊踏歌の声…足を踏み鳴らし、拍子をとって歌う声。
＊桃花潭…汪倫が住む村を流れる川のこと。

(1) この漢詩の形式として適切なものを、ア～エから一つ選び、記号で答えなさい。

ア 五言絶句　イ 五言律詩　ウ 七言絶句　エ 七言律詩

(2) ──線「不バ及汪倫送ルノ我ヲ情ニ」を「及ばず汪倫我を送るの情に」と読むことができるように、返り点をつけなさい。

(3) 次の［　］内の文章は、この漢詩の鑑賞文の一例である。［A］、［B］に入る適切な言葉を、それぞれ現代語で書きなさい。ただし、字数は［A］は五字以内、［B］は五字以上十字以内とする。

この詩は、「送別」をテーマにしている。村を舟で出発しようとした李白は、［A］で汪倫が村人たちと一緒に別れを惜しんで歌う姿を見て、汪倫の友情の深さは、村を流れる桃花潭の［B］ものであると感じ、汪倫に感謝している。

Chapter 22

読解 説明的文章① 文脈

合格へのヒント

● 接続語を理解すると、話の展開が予測でき、文章全体の流れが見えてくるようになる！

月　日

1 説明文・論説文の違い

説明的文章には、説明文・論説文の二つがある。説明文は特定のテーマについて事実を正しく伝える文章、論説文は筆者の主張・意見を述べる文章である。文脈に注意して読み進める。

2 文脈とは

文章には、書かれている内容に一連のつながりがあり、そのつながりを文脈と呼ぶ。文脈を正しく理解するためには、文章中での指示語の指し示す内容や接続語の働きを理解する必要がある。

❶ 指示語…文章中で別の語句を指し示す語句

指示語は、多くの場合、直前に登場した語句を指している。「これ・それ・あれ」などのこそあど言葉や、「このこと・そのとき・あの問題」のようにこそあど言葉を含む言葉もある。

例 話すべきか話さぬべきか、それが問題だ。

まだ食べられるものがゴミとして捨てられている。この問題は日本だけのことではない。

絶対おさえる！

☑ **指示語が指し示す内容は原則として前から探し、指示語にあてはめて意味がつながるかどうかを確認する。**

指示語の指し示す内容は、指示語よりもあとにくることがある。

例 打った瞬間にそれとわかるホームランだ。

❷ 接続語…文と文や言葉と言葉などをつなぐ語句

接続語は、前後の関係を明らかにして文脈をわかりやすく示している。それぞれの働きごとに整理して理解する。

種類	働き	主な接続語と使い方
順接	前の内容とあとの内容が原因や理由、結果の関係にある。	だから・そこで・したがって・すると 例 今日は雨だ。だから長ぐつを履く。
逆接	前の内容から予想される逆の内容が続く。	しかし・けれども・だが・ところが 例 今日は雨だ。しかしかさを忘れた。
並立 累加	物事を並べたり、付け加えたりする。	また・しかも・さらに・そのうえ 例 今日は雨だ。しかも風も強い。
説明 補足	前の内容を説明したり補足したりする。	なぜなら・たとえば・ただし 例 今日は雨だ。ただし午後にはやむらしい。
対比 選択	内容を比べたり、選択肢を示したりする。	一方・むしろ・あるいは 例 今日は雨、あるいは雪が降るそうだ。
要約	前の内容を言い換えて示す。	つまり・要するに・すなわち 例 今日は雨だ。すなわちかさが必要だ。
転換	話題を変える。	ところで・さて・ときに 例 今日は雨だ。ところで今夜は満月だ。

基礎カチェック！

●次の文章を読んであとの問いに答えなさい。

並木を考えてみて下さい。あなたの家のそばにも並木はありますよね。ケヤキやサクラのように、樹木の名ぐらいはあなたにもわかると思います。でも、①それ以上のことになるとどうでしょう。あなたは毎朝、何本の木に出会いますか？　そのそれぞれの区別がつきますか？　[A]並木の一本だけを取り出したとして、それがどこに植えられていた木なのかわかるでしょうか。

おそらくは「いいえ」という答えが返ってくるでしょう。並木全体は認識できても、その一本ずつは区別していないはずです。すべての木は形が違うのに、差異をとらえられていない。物体としての分け隔てがないのです。独立していない。

[B]一本ずつに対しては呼び名もない。

しかし、これが並木ではなく、人間だったらどうでしょう。木の代わりに人が立っていたら？　いえ、そこまで考えなくても、入学や転校で新しい仲間たちと出会ったときのことを思い出して下さればけっこうです。何十人、あるいは何百人もの新しい仲間たちが現《あら》われた時、最初はだれがだれだと区別がつきませんから、当然名前も覚えられません。[C]、数か月もすれば、すくなくともクラス全員の名前ぐらいはわかるようになるものです。②それは等しく、全員の差異がわかるようになったからだとも言えるのです。

周囲のものや事象、それぞれに対する差異の発見。それが形状からくるものであれ、性質からくるものであれ、言葉が誕生したのはまさに③その部分からです。

（ドリアン助川『プチ革命　言葉の森を育てよう』による。）

1. ——線①「それ」が指している内容として最も適切な言葉を、本文中から四字で抜き出しなさい。

2. [A]・[B]・[C]にあてはまる言葉の組み合わせとして最も適切なものを次から選び、記号で答えなさい。

ア　A　ただし　B　しかも　C　ところで
イ　A　むしろ　B　要するに　C　したがって
ウ　A　それでも　B　または　C　だが
エ　A　たとえば　B　だから　C　しかし
オ　A　あるいは　B　けれども　C　つまり

3. ——線②「それ」が指しているのは、どのようなことですか。最も適切なものを次から選び、記号で答えなさい。

ア　クラス一人ひとりの差異がわかるようになったこと。
イ　クラス全員の名前がわかるようになること。
ウ　クラスの新しい仲間の顔と名前が一致しないこと。
エ　クラスで新しい仲間たちと出会ったときのこと。

4. ——線③「その部分」が指している内容をまとめた次の文の[　]にあてはまる最も適切な言葉を、本文中からそれぞれ二字で抜き出しなさい。

・周囲の物事に対する[A]を[B]できるようになること。

答え

1. 樹木の名
2. エ
3. イ
4. A 差異　B 発見

確認問題

日付	○△×
/	
/	
/	

解答解説 別冊P22

●次の文章を読んで、あとの問いに答えなさい。 〔2022静岡・改〕

*見テ　知リソ　知リテ　ナ見ソ

見てから知るべきである、知ったのちに見ようとしないほうがいい、という意味でしょうが、実は①もっと深い意味があるような気がする。つまり、われわれは〈知る〉ということをとても大事なこととして考えています。しかし、ものごとを判断したり、それを味わったりするときには、その予備知識や固定観念がかえって邪魔になることがある。だから、②まず見ること、それに触れること、体験すること、そしてそこから得る直感を大事にすること、それが大切なのだ、と言っているのではないでしょうか。

ひとつの美術作品にむかいあうときに、その作家の経歴や、その作品の意図するものや、そして世間でその作品がどのように評価されているか、また、有名な評論家たちがどんなふうにその作品を批評しているか、などという知識が頭の中にたくさんあればあるほど、一点の美術品をすなおに、自分の心のおもむくままに見ることが困難になってくる。③それが人間というものなのです。実際にものを見たり接したりするときには、これまでの知識をいったん横へ置いておき、そして裸の心で自然に、また無心にそのものと接し、そこからうけた直感を大切にし、そのあとであらためて、横に置いていた知識をふたたび引きもどして、それと照らしあわせる、こんなことができれば素晴らしいことです。そうできれば、私たちの得る感動というものは、知識の光をうけてより深く、より遠近感を持った、豊かなものになることはまちがいありません。□、実

(1) ——線①「もっと深い意味」とありますが、筆者は柳宗悦の言葉からどのようなことを読み取っていますか。最も適切なものを、次のア〜エの中から一つ選び、記号で答えなさい。

ア　知識に縛られず、自分の直感を信じる自由な感覚を失ってはならないということ。

イ　人から得た知識だけに頼るのではなく、自分の体験から得た感覚こそが重要であるということ。

ウ　自分の体験によって裏打ちされた知識をもとに、自由で柔軟な発想を養うべきだということ。

エ　現代人は知識にがんじがらめにされやすいので、自分の感覚を信じて情報を取捨選択すべきであるということ。

(2) ——線②「まず見ること……ないでしょうか」とありますが、これは本文全体の中で、どのような働きをしていますか。その説明として最も適切なものを、次のア〜エの中から一つ選び、記号で答えなさい。

ア　柳宗悦の言葉をそのまま引用することで、本文の展開に対する興味や関心を読者に持たせる働き。

イ　引用した柳宗悦の言葉を筆者自身が解釈することで、本文で述べたい内容を読者に提示する働き。

ウ　筆者の言葉を抽象的な表現で言い換えることで、本文の展開を読者に分かりやすく説明する働き。

エ　筆者の考え方を柳宗悦の言葉を用いて表現することで、柳宗悦の主張への疑問を読者に投げかける働き。

はこれはなかなかできないことです。

では、われわれは知る必要がないのか、勉強する必要もなく、知識を得る必要もないのか、というふうに問われそうですが、これもまたちがいます。そのへんが非常に微妙なのですが、柳宗悦《やなぎむねよし》が戒めているのは、知識に*がんじがらめにされてしまって自由で柔軟な感覚を失うな、ということでしょう。おのれの直感を信じて感動しよう、というのです。どんなに偉い人が、どんなに有名な評論家が、自分とまったく正反対の意見をのべていたり解説をしていたとしても、その言葉に惑わされるなということです。

作品と対するのは、この世界でただひとりの自分です。自分には自分流の感じかたがあり、見かたがあります。たとえ百万人の人が正反対のことを言っていたとしても、自分が感じたことは絶対なのです。しかし、また、その絶対に安易によりかかってしまうと人間は単なる独断と偏見におちいってしまう。

自分の感性を信じつつ、なお一般的な知識や、他の人々の声に耳をかたむける余裕、このきわどいバランスの上に私たちの感受性というものは成り立たねばなりません。それは難しいことですが、少なくとも柳宗悦の言葉は、私たちに④〈知〉の危険性というものを教えてくれます。

（五木寛之《いつきひろゆき》『生きるヒント』による。）

＊日本の美術評論家である柳宗悦の言葉。

＊縛られて身動きが取れない状態。

---

(3) ——線③「それ」とは、どのようなことを指していますか。最も適切なものを、次のア～エの中から一つ選び、記号で答えなさい。

ア　美術作品や作家についての情報は鑑賞する際に不要な知識と言えるので、評論家の批評を鵜呑《うの》みにしてはいけないこと。

イ　予備知識が美術鑑賞に影響を与えるように、情報を得たばかりに純粋に楽しめなくなるものは世の中にたくさんあること。

ウ　これから見ようとする作品についての予備知識は持つべきではなく、意図的に情報を避けるべきであること。

エ　美術作品に対する予備知識を持ってしまうと、その作品を純粋な気持ちで見ることが難しくなってしまうこと。

(4) 次のア～エの中から、本文中の□の中に補う語として、最も適切なものを一つ選び、記号で答えなさい。

ア　それとも

イ　もしくは

ウ　しかし

エ　なぜなら

(5) 本文には、筆者の考える、ものごとに対するときの理想的な過程について述べた一文がある。その一文の、最初の五字を抜き出しなさい。

(6) 筆者は、本文で、作品に対するときの危険性の一つとして、——線④について述べているが——線④とは異なる危険性についても述べている。筆者が述べている、——線④とは異なる危険性を、五十字程度で書きなさい。

Chapter 23

読解 説明的文章② 構成

1 段落相互の関係

❶ **形式段落の種類と役割**…形式段落（はじめを一字下げた段落）には、次のような種類と役割がある。

例
① **話題や問題を提示**する段落
② **具体例・根拠・補足**を述べる段落
③ 前後の段落と**並立・添加**の関係にある段落
④ 前後の段落と**対比**される段落
⑤ 前の段落の内容から**新しい話題へと転換させる**段落
⑥ それまでの段落を整理し、**要旨をまとめる**段落

絶対おさえる！

☑ **段落の種類と役割を示す言葉に注目。**
例 **話題**…「では」、「なぜ～でしょうか。」
並立・添加…「また」、「さらに」、「それだけではない」、「まず～。その次に～。最後に～。」

❷ **意味段落**…形式段落の話題の共通点などをとらえたものが、意味段落である。

例
意味段落 { 1…論点（話題）Aを投げかける段落 / 2…Aを具体例などで補強する段落 }
意味段落 { 3…AをBに展開させる役割をする段落 / 4…Bの根拠や、Bの対立事項を述べた段落 }
意味段落 { 5…AとBを総括する（まとめる）段落 }

2 説明的文章における事実と意見

A **事実**
数値やデータ、実例、筆者の見聞などを客観的に述べている段落。

読み分ける

B **意見**（筆者の主張）
文末表現の例
～である。～（な）のだ。～と言える。（断定）
～であろう。～かもしれない。（推量）
～のではなかろうか。（同意を求める）
～べきである。（義務・当然）
～を忘れてはならない。（忠告）

例
日本人は、欧米人のようにたくさんの言葉を十分に尽くし、人々の前に立って話をするのは不得手だと言われている。

ある調査では、人前で話すことについて、「とても苦手だ」と答えた日本人は、全体の60パーセント。「少し苦手」を含めると84パーセントにも上る。「とても自信がある」は、7パーセントに過ぎなかったそうだ。

【事実】

だが、われわれは、言動やその場の雰囲気から相手の心中を察することには長《た》けている。無言の内にも相手と心を通わすことができるのだ。

日本人はスピーチは苦手なのかもしれない。しかし、コミュニケーションをとることはけっして下手ではないのである。

【意見】

合格へのヒント
● **意味段落に区切る練習はとても大切！区切るだけでも、常に練習し続けてみよう。**

月　日

基礎力チェック!

● 次の文章を読んで、あとの問いに答えなさい。

事実

[1] 映画『ALWAYS』には、就職先の家に住み込みで働く少女が登場します。東北地方出身の彼女は、生家の家計を助けるために単身で上京してきました。それはこの時代だけのことではありません。徐々に地方が豊かになり、彼女のような貧しい境遇から解放された後も、地方の若者たちは、都会で収入を得ようと集団就職の列車に乗り込みました。また、家庭の事情でそれが叶《かな》わなかった若者たちも、都会での生活に強い憧れを抱いていました。

[2] 当時、地方の少年たちの多くが都会を目指した理由には、商業施設や文化施設などの充実度が、都市と田舎では格段に違っていたため、都会での華やかな生活に憧れていた側面もあったことでしょう。しかし、それだけが理由ではありません。生まれ育った地元での地縁や血縁といった人間関係の濃密さを、自分の人生を縛りつけ、可能性を閉ざす*桎梏《しっこく》のように感じて、その鬱陶しさから逃れたかったからでもあるのです。前者が引き込み要因とすれば、後者は押し出し要因といえます。当時は、両者が相まって彼らを都会の生活へと誘っていたのです。

意見

[3] このように、人情の豊かな社会だったといえる時代は、裏を返せば、その人間関係の濃密さと強固さによって、付きあいや行動の自由が制限された時代でもあったといえます。同様の事情は田舎だけのものではなく、都会にもまた見られました。人間の当然の心理として、自由が制限されていればいるほど、そこから逃れて羽ばたきたい欲求も強くなります。映画『ALWAYS』のなかで、いつもスクリーンの背景に刻々と積み上げられていた建設中の東京タワーは、高度経済成長へと邁進《まいしん》していた時代の象徴であると同時に、そんな人びとの飛躍への憧れの象徴でもあったことでしょう。

＊人の自由を束縛するもの。

（土井隆義《どいたかよし》『「宿命」を生きる若者たち』による。）

1. ——線部「この時代」とは、具体的にどのような時代ですか。本文中から十六字で探し、そのはじめの五字を答えなさい。

2. 映画『ALWAYS』が描く時代に生きていた地方の若者たちの多くが都会を目指した理由を筆者はどのように考えていますか。次の文の□にあてはまる最も適切な言葉を、本文中からそれぞれ六字で抜き出しなさい。

・[A]と[B]の二つが互いに作用し合ったためであると考えている。

3. この文章の構成について述べたものとして最も適切なものを次から選び、記号で答えなさい。

ア [1]で述べた事実と対照的な事実を[2]で紹介し、[3]がまとめの役割を果たしている。

イ [1]で述べた事実の根拠を[2]で述べており、[3]が全体のまとめの役割を果たしている。

ウ [1]で述べた事実について[2]で別の側面から考察しており、[3]がまとめの役割を果たしている。

エ [1]で述べた事実を補足する内容を[2]で述べ、さらに[3]ではそれまでとは対照的な事実を述べている。

答え

1. 高度経済成
2. A引き込み要因　B押し出し要因　（※A・Bは順不同）
3. ウ

確認問題

日付	/	/	/
○△×			

解答解説 別冊P23

●次の文章を読んで、あとの問いに答えなさい。なお、設問の都合で本文の段落に1～8の番号を付けている。

〔2019秋田〕

1 村の暮らしには安心感がある。いや、そんなはずはない。村では過疎化も高齢化もすすんでいる。*グローバル化していく市場経済は村の経済活動をこわしつづける。そう考えていくと、今日の村ほど不安な社会はないはずなのに、村に暮らしていると不思議な安心感をおぼえる。

2 私は、それを、記憶と理性の違いだと思っている。長い人類史をへてつくられた人間の記憶は、村は永遠の安心感につつまれていると感じさせる。畑や森や川があり村がある。村人たちは、畑のつくり方も、森の扱い方も知っている。村人のなかにある人類史の記憶は、ここには①何も困ることのない世界がひろがっていると感じさせる。ところが、それだけではすまない。②現在の村の現実を理性は知っている。ここでは、記憶と理性は一致しない。この記憶と現在の不一致を感じながら過ごす時間が、私は好きだ。

3 もうひとつ、村で暮らす方が好きな理由がある。それは、村で暮らしていると、私たちは一代ではつくりだしえないものに支えられて生きていると感じられる、という点にあって、そのことが、ある時代を生きている人間とは何かを、③自然に考えさせてくれる。自然の長い歴史。村の長い歴史。村で暮らすために必要なさまざまな技をつくり、伝えてきた長い歴史。そういった一代ではつくりだせないものに支えられて、人はある時代を生きる。

4 もちろん、村で暮らしていなくても、私たちは、記憶と理性のくい違いや、

---

(1) ――線①「何も困ることのない世界」を次のように言い換えた。□にあてはまる最も適切な言葉を、本文中から三字で抜き出しなさい。

・□のある世界

(2) ――線②「現在の村の現実」とあるが、村では実際にどのような状況がみられるか。次の文の□にあてはまる最も適切な言葉を、本文中の語句を用いて三十五字以内で書きなさい。

・□という状況。

(3) ――線③「自然に考えさせてくれる」の「自然に」の意味として、最も適切なものを、次のア～エから一つ選び、記号で答えなさい。

ア 気まぐれに
イ ひとりでに
ウ あきらかに
エ 予定通りに

(4) 本文中における段落の関係を説明したものとして、最も適切なものを、次のア～エから一つ選び、記号で答えなさい。

ア 第3段落は第2段落の内容をまとめ、客観的事実を踏まえて結論を述べている。
イ 第4段落は第3段落の内容に対し、具体例を挙げながら主張を否定している。
ウ 第5段落は第4段落の内容を受け、疑問を解決し新たな話題を提示している。
エ 第6段落は第5段落の内容と関連させ、異なる視点から補足的に説明している。

人は何に支えられて生きているかを、感じることはできるだろう。村の方が、そういうことがよくみえる、というだけである。むしろ、重要なのは次のことにある。それは、人にそのようなことを感じさせ、考えさせる場所は、ローカルな世界のなかにあるということである。

[5] 人の奥底にある深い記憶が静かに開かれていく世界も、人は長い時間の蓄積に支えられながら生きていると感じられる世界も、自分が生きている時間や空間を深くみつめることのできる日々のなかからしか発見できない。そして、この深くかかわれる場所は、人間にとってはそれほど大きなものではない。

[6] 私たちは、大きな世界とかかわろうとすれば、浅くかかわるしか、あるいは一面的にかかわるしかなくなる。グローバル化していく経済にかかわろうとすれば、経済という一面から世界と関係することになってしまうように。また、ときには、環境という一面から世界とかかわるように。

[7] もちろん、私はそれらをすべて否定しているわけではない。大きな世界とかかわればかかわるほど、浅く一面的な関係になっていくことを、忘れてはいけない、と考えているだけである。深くかかわり、深く考えさせてくれる場所は、ローカルな世界のなかにしかないのだ、と。

[8] 近代化されていく世界が生みだした思想は、この点でとらえ方を間違えた。近代的な発想は、グローバルな発想や思想、システムに価値があり、ローカル性に基盤をおいたものを、あたかも古い時代のものであるかのごとく軽視したのである。その結果が、浅い知識だけで生きる人間の*頽廃《たいはい》を生んでいる、と最近になって気づくようになるまで。だから、私も、いまでははっきり言うことができる。人間は少なくとも一方に、ローカルな世界をとり戻さなければいけない、と。

（内山《うちやま》節《たかし》『「里」という思想』による。）

＊世界的な規模であるさま。

＊衰え、廃れること。道徳などが崩れ、不健全になること。

---

(5) 本文中における筆者の主張を次のようにまとめた。これを読んで、あとの問いに答えなさい。

> 大きな世界とかかわろうとすると、[A]かかわりになる。だが、[B]はこのようなかかわりに価値を見いだし、その結果、人間の頽廃を生んでしまった。だから人間はもう一方にローカルな世界をとり戻さなければいけない。なぜならローカルな世界には[C]からである。

① [A]・[B]にあてはまる最も適切な言葉を、本文中から六字でそれぞれ抜き出しなさい。

② [C]に適する内容を五十五字以内で書きなさい。

Chapter 24

読解 説明的文章③ 要旨

月　日

合格へのヒント

● 要点把握が速くなれば、スピードが上がる！「本当に言いたいことは何か」と考えよう。

1 説明的文章に多い文章の構成

❶ 頭括型

本文、もしくは当該の段落のはじめに結論が明示される。以降でそれについての具体例・根拠・補足事項などを述べ、徐々に内容に幅をもたせていく構成。

結論 → 説明

❷ 尾括型

本文、もしくは当該の段落が具体例・根拠、たとえ話などから始まり、末尾でそれらから導いた結論が述べられる構成。

説明 → 結論

❸ 双括型

本文のはじめと終わりのどちらにもまとめや筆者の主張が述べられる構成。

結論 → 説明 → 結論

❹ 話題提示→考察→答え（まとめ）

「～について、考えたい。」「なぜ…であろうか。」などと問いを投げかけて本文を始め、段階的に論を進め、結論に至る構成。本文が序論・本論・結論の三段型からなる構成。

話題提示 → 考察 → 結論

2 要旨の読み取り方

❶ それぞれの形式段落の要点をつかむ。

一つ一つの段落の要点をつかみ、それらを整理することで要旨をとらえる。

形式段落A → 要点
形式段落B → 要点
形式段落C → 要点
形式段落D → 要点
→ 要旨

❷ 文章構成の型を見極め、要旨段落をつかむ。

頭括型では本文の冒頭に、尾括型では本文の末尾にある要旨をまとめた段落に注目する。また、双括型では、本文の冒頭と末尾をつないで要旨をまとめる。

例　私たちがふだん何気なく使っている言葉には、不思議なはたらきがあります。

たとえば、お母さんが、「八百屋で、鶏肉と卵とたまねぎを買ってきてちょうだい」と子供たちをお使いに走らせると、夕方の食卓には親子丼が載っているかもしれません。クラスの友達に、「放課後の掃除当番を手伝ってくれよ」と交渉すると、あなたは予定より早く帰宅できるかもしれません。私たちの言葉には、新しい世界を創造するはたらきがあるのです。

→要旨は、「私たちがふだん何気なく使っている言葉には、新しい世界を創造する不思議なはたらきがある」。

絶対おさえる！

☑「～である」といった筆者の主張を示す文末や、「このように」「つまり」などのまとめを示す接続語が要点の理解に役立つことを覚えておこう。

基礎カチェック!

●次の文章を読んであとの問いに答えなさい。

1 連帯という言葉からまず思い浮《うか》べるのは、人と人の連帯である。人と人が結び合い、助け合い、支え合うことがその出発点である。ところがこのように述べたとき、私たちは次のことを検討しなければいけないと気付く。

2 近代社会は「連帯」を人間にとっての大事な理念ととらえてきた。たとえばフランス革命の理念は自由、平等、友愛であり、友愛とはすべての他者に惜しみなく愛をささげるということなのだから、そこに連帯の基盤をみいだしてもかまわないだろう。働く者の連帯、貧しき者との連帯、差別された者との連帯……。私たちの歴史はどれほど多くの連帯という言葉を使ってきたことだろう。

3 だが、にもかかわらず、現代史のなかで「連帯」は衰弱しつづけたのである。もちろん一部の人々は本気で社会的な連帯を創造しようとしてきた。しかし全体としては連帯なき個人の社会がひろがり、自分の世界だけを守ろうとする自己防衛的な精神が社会を覆ってきた。

4 とすると近・現代史のなかで語られてきた「連帯」のとらえ方に、何か問題があったということにはならないだろうか。

（内山節《うちやまたかし》『怯《おび》えの時代』による。）

1. この文章の構成として最も適切なものを次から選び、記号で答えなさい。

ア 頭括型　イ 尾括型
ウ 双括型　エ 三段型（序論→本論→結論）

2. 形式段落2の要点を述べたものとして最も適切なものを次から選び、記号で答えなさい。

ア フランス革命が人と人をつなぐ連帯意識の基盤をつくった。
イ 近代社会は人々の連帯を目指したが、中身が伴わなかった。
ウ 近代社会では貧困や差別をなくすため連帯が唱えられた。
エ 連帯は、近代社会の中で大事な理念としてとらえられた。

3. 形式段落3の要点を述べたものとして最も適切なものを次から選び、記号で答えなさい。

ア 連帯の理想はやがて形だけのものになり、社会の改革を夢見る人々が唱え続けるただの理想論に成り下がった。
イ 近代社会は連帯を追求してきたが、社会全体を見た場合、連帯の理想精神とは矛盾する結果になった。
ウ 一部の人々は社会の連帯を実現するべく心血を注いだが、活動の成果はまったくなく、多くは個人主義に走った。
エ 近代以降の社会では徐々に価値観が多様化し、連帯よりも自分だけの世界を守ろうとする人々が増えていった。

4. この文章の要旨をまとめた次の文の□にあてはまる最も適切な言葉を、本文中から二十四字で探し、そのはじめの五字を抜き出しなさい。

・□には再考の余地があること。

答え

1. エ
2. ア
3. ア
4. 近・現代史

確認問題

日付	／	／	／
○△×			

解答解説 別冊P23

●次の文章を読んで、あとの問いに答えなさい。 〔2018大阪〕

[A]かつて写真は、時間の流れをせき止め、凍らせ、瞬間を切り取る魔法のような一撃であった。さらにその決定的瞬間を待ち、「世界」の事態の一瞬を切り取ることは、「私」の世界への決定的な関与をも意味していることは間違いない。

多少でも写真を自ら本格的に撮影した者ならだれでもわかることであるが、写真は対象を写しているように思えて、実は、撮影者がそこには写り込んでいる。感動しながら撮ったのか、飽き飽きしながら撮ったのか、その対象の撮影者はどのような感情を抱いていたのか、[B]そんなことが不思議なほどわかってしまうのである。*ブレッソンも『決定的瞬間』で次のように言っていた。

I
「自分自身」を発見することは、我々を形づくると共に我々が影響を与える「外部の世界」の発見と同時に起こるのだと思われる。そして、バランスはふたつの世界で打ち立てられなければならない。ひとつは我々の心の内部の世界、もうひとつは我々の外側に広がる世界である。その絶えまない①相互的なプロセスの結果として、ふたつの世界はひとつの世界を形成する。我々が伝達すべきなのは、[C]まさにこの世界なのである。

つまり決定的瞬間といっても、それがなにか、外部の事態として客観的に存在している瞬間であるよりは、写真家それぞれの「私」と「世界」とが共鳴す

(1) 本文中の――線A～Dの語のうち、一つだけ他と品詞の異なる語を一つ選び、記号で答えなさい。

(2) ――線①「相互的」の対義語を、次のア～エの中から一つ選び、記号で答えなさい。

ア 相対的　イ 一方的　ウ 系統的　エ 主体的

(3) 次のうち、本文中のIで示した箇所の、本文中での役割として最も適しているものを、次のア～エの中から一つ選び、記号で答えなさい。

ア 筆者の主張を支える文章を示し、筆者が述べている内容の妥当性を補強している。

イ 筆者の主張によく似た一般論を示し、それ以外の意見がないことを表している。

ウ 筆者の主張を補足する文章を示し、直前で述べられている意見に反論している。

エ 筆者の主張を評価している文章を示し、筆者の主張の説得力を高めている。

(4) ――線②「動画映像」とあるが、筆者は、「動画映像」では決定的瞬間がなくなってしまうのはなぜだと述べているか。それについてまとめた次の文の□に入る内容を、本文中の言葉を使って三十五字程度で答えなさい。

・動画映像においては、等質で蓄えられた□から。

(5) 写真の本質について、本文中で筆者が述べている内容をまとめた次の文のA、Bにあてはまる最も適切な言葉を、Aは六字、Bは十六字でそれぞれ本文中から抜き出しなさい。

・写真家おのおのの内部と外部の世界とがAが決定的瞬間であり、その

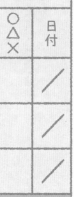

る瞬間であり、決定的瞬間は写真家の「私」抜きには考えることのできないものでもある。

もちろん、たしかに撮影者がある瞬間を決定的なものと「直観」し、なんらかの情感とともにシャッターを切った写真も、結果としては、②動画映像からのちに静止画を抜き出してきたものと同じに見えてしまうかもしれない。しかし、決定的瞬間を見定め、シャッターを切るという行為のうちには、「時間という流れ」と「瞬間」との間の*弁証法的対立をみてとることができる。私なりに表現すれば、人間が有限的な時間性のうちに内在しながら、まさにそこから超越しようとする意志こそが「決定的瞬間」なのであり、実に、この行為こそ、写真を写真たらしめてきたものなのである。

コンピュータのうちに蓄えられる動画映像では、あらゆる時間の断片が、いわば等質で蓄えられるために、逆に決定的瞬間は消滅してしまう。すべての瞬間はその前後との退屈な連続性のうちに没してしまうからである。

21世紀において、Dひたすら自己展開していくデジタルテクノロジーは、写真を動画映像の単なる一断片として、あるいは、動きのない静止画としてとらえつつ、写真からその独自の存在意義を剥奪する形で進行していくことだろう。

しかし、動画映像の一部分としての静止画と、これだ、という直観や感動や高まりとともに切られた決定的瞬間との差は、やはり、結果においても違う、と写真ロマンチストとしての私は主張しておきたい。行為としての写真こそ、写真の本質である、というのが私の写真に対する結論である。

（黒崎《くろさき》政男《まさお》『哲学者クロサキの写真論』による。）

＊フランスの写真家。

＊対立と矛盾を通じて、より高い段階の認識（総合）に至る哲学的方法。

瞬間を見定め、［B］と一緒にシャッターを切るという行為こそ、写真の本質である。

Chapter 25

読解

文学的文章① 場面・情景・あらすじ

合格へのヒント

● 出来事や人物の関係が混乱しがちな人は、場所・人物をメモしつつ読んでみよう。

月　日

1 場面と情景

❶ 場面

① いつ（時間）…季節・時刻・月日・時代などを表す言葉に注意する。過去（回想）なのか、現在なのかにも注意して読む。

② どこで（場所）…家なのか、学校なのかなど、登場人物を取り巻く環境に注意する。

③ だれが（人物）…登場する各人物の言動や心情、設定や人物同士の関係に注意する。

❷ 情景

情景とは、読者の心にうったえかけ、感情を喚起する風景のことである。

例 そこに残っていたのは、わたし一人だけだった。淡い橙色《だいだい》の夕日が、放課後の窓辺を静かに照らしていた。

絶対おさえる！

☑ **情景の中には、登場人物の心情を暗示するものがある。**

例 **僕たちは、ついに山頂にたどりついた。さわやかな高原の風が、草花をかき分けていった。**

→「僕たち」の達成感・充実感を表している。

2 あらすじ

❶ あらすじとは…起承転結など物語全体のストーリー展開を大きくとらえたもの。プロットともいう。

❷ あらすじの読み取り方

① **作品の背景を押さえ、流れを大きくとらえる。**

主人公の人物像や境遇（家庭環境・人間関係など）を押さえ、出来事→心情→行動のつながりなどに注意して追いかける。

② **場面の移り変わりに注目する。**

時間・場所・人物の変化、および人物の心情の変化などに注意しながら、場面の移り変わりに注目する。

例 場面①…親友の隼人《はやと》と、カードゲームの勝ち負けをめぐる口論が火種となって、大喧嘩をしてしまった。

↓

場面②…隼人としばらく口をきかなかったが、四月から東京に転校する話を同じクラスの松井《まつい》さんから聞いた。

↓

場面③…不安で居たたまれなくなり、猛ダッシュで線路沿いの住宅街にある隼人の家まで走った。

↓

場面④…隼人の家のインターホンを押すと隼人の母親が出てきて、家にいるのは妹の千絵《ちえ》だけだと言われた。

↓

場面⑤…隼人と二人だけの居場所である、工場跡地の廃材置場に造ったひみつ基地に行ってみようと思った。

基礎カチェック!

●次の文章を読んであとの問いに答えなさい。

今、ぼくは、細くて急な登山道を登っている。

どうしてこんなことになってしまったのだろうと、くり返し自問する。

別荘でバカンスだと浮かれていたおめでたい性格や、行きたくないのにずるずると歩きだす優柔不断さが、われながら情けなかった。

道をけとばすように歩いていく。

急におじさんの声がした。

「山とけんかするなよ」

前を歩いているおじさんがふりむきもせずに言った。

「勝ち目はないからな。それに余計に疲れるぞ」

おじさんは、足音だけでぼくの気持ちがわかるのだろうか。

登山道の土がくつの下でじゃりっと、にごった音をたてた。

「歩いているときには、石を落とさないようにていねいに歩くこと。石を落とすと、あとから登ってくる人や、下山している人に当たったりする。ケガをするリスクがあるんだ。だから、ていねいにな。山でのマナー、その一だ」

おじさんの声が前から聞こえる。

ぼくは思わずおじさんの歩いている先を見た。アスファルトではない、石ころだらけの登山道が続いている。たとえ小さな石だとしても、ころがっているうちに勢いがついてしまうことが想像できる。当たったら痛い。

「うん」

ぼくは、つぶやくように返事をした。

（にしがきようこ『ぼくたちのP（パラダイス）』による。）

1. 「ぼく」とおじさんが歩いている登山道の特徴をまとめた次の文の□にあてはまる最も適切な言葉を、それぞれの指定の字数で抜き出しなさい。
   - ・[A（六字）]で、[B（五字）]登山道。

2. この文章の情景について説明したものとして、最も適切なものを次から選び、記号で答えなさい。
   - ア 「ぼく」が、おじさんに手を引かれて歩いている。
   - イ 「ぼく」をおじさんが引率しながら歩いている。
   - ウ 「ぼく」とおじさんは、横並びで歩いている。
   - エ 「ぼく」のほうがおじさんより前を歩いている。

3. この文章のあらすじを説明したものとして、最も適切なものを次から選び、記号で答えなさい。
   - ア 「ぼく」が登山道を進みながら、自然への知識と愛情を深めていく様子が描かれている。
   - イ 「ぼく」が、おじさんから叱責を受けながらも登山道を進み、たくましく成長する様子が描かれている。
   - ウ 「ぼく」がおじさんと二人で歩調を合わせ、楽しそうに登山道を進む様子が描かれている。
   - エ 「ぼく」がおじさんにさとされながら、しぶしぶ登山道を進む様子が描かれている。

答え

1. A 石ころだらけ（で、）B 細くて急な（登山道。）
2. イ
3. エ

確認問題

日付	○△×
／	
／	
／	

解答解説 別冊P24

●次の文章は、「実弥子《みやこ》」の絵画教室に通っている小学生の「ルイ」、「まゆ」、「ゆず」たちがお互いを描き、その絵を見せ合っている場面である。「実弥子」は、「なんのために絵を描くのか」と以前尋ねられ、うまく答えることができなかったことを気にしていた。よく読んで、あとの問いに答えなさい。

〔2022山口〕

　ルイが描いたまゆちゃんは、今にも絵の中から飛び出してきそうだった。細密に描かれた鉛筆の下書きの上に、慎重に絵の具が塗り重ねられていた。筆先を使って髪の毛や眉や睫毛《まつげ》が一本一本描かれ、瞳には淡い光がともっていた。まゆちゃんの顔によく似ていると同時に、その心の奥にある芯の強さを感じさせる。頬や指先、膝がしらには淡い桃色がかすかな青を滲《にじ》ませながら置かれていた。生き生きと血の通う、エネルギーの充《み》ちた子どもの身体なのだということを、実物以上に伝えているようだった。

「ルイくん、すばらしいね……」

　実弥子は、ルイの絵のすばらしさを伝えるための言葉を探そうとしてうまく見つからず、口ごもった。

「わあ、すごい……。これが私……？」

「まゆちゃんに、にてる」

　ゆずちゃんが、感心して言った。

「なんだろう、これ……。こんなふうに描いてもらうと、自分が今、ちゃんと生きてここにいるんだって、気がついた気がする……」

　まゆちゃんは、少し照れたような表情を浮かべて、ルイにちらりと視線を送ってからD背筋を伸ばした。

「わかった。モデルのルイくんが見たいって言うなら、見せないわけにはいかないよね」

（東直子《ひがしなおこ》『階段にパレット』による。）

＊実弥子の夫。

(1) ――線部「実弥子ははっとする」とあるが、「実弥子」はどのようなことに気づいたのか。それについて説明した次の文の□にあてはまる適切な内容を、「ルイ」の絵に関する記述を踏まえて五十字以内で答えなさい。

・「ルイ」の絵に関する「まゆ」のつぶやきから、絵は□ということに気づいた。

(2) 次は、文章中の――線A～Dにみられる「まゆ」の様子の変化について【ノート】にまとめたものである。【ノート】が文章の内容に即したものとなるよう、Ⅰ・Ⅱにあてはまる語として最も適切なものを、あとのア～カからそれぞれ選び、記号で答えなさい。また、Ⅲにあてはまる適切な内容を、文章中から六字で書き抜きなさい。

【ノート】

○まゆの様子	○変化のきっかけとなった言葉の内容（発言した人物）
A 自分の絵を隠すように、覆いかぶさった ――Ⅰ	・まゆより年下の三年生である（ルイ）
←	

まゆちゃんがつぶやいた。実弥子ははっとする。

ルイが、まゆちゃんをモデルに絵を描いた。ただそれだけの、シンプルなこと。でも、描かれた絵の中には、今まで見えていなかったその人が見えてくる。言葉では言えない、不思議な存在感を放つ姿が。ルイと＊希一《きいち》、それぞれの母親がふと口にした「なんのために絵を描くのか」という問いの答えが、もしかするとこうした絵の中にあるのではないかと、実弥子は思った。

「ねえ、ルイくんって、何年生？」まゆちゃんが訊《き》いた。

「三年」

「うわあ、私よりニコも下なんだあ。やだなあ、こっちは、見せるのはずかしすぎる」

まゆちゃんが[A]自分の絵を隠すように、覆いかぶさった。

「まゆちゃん、絵はね、描き上がったときに、描いた人を離れるんだよ」

実弥子がやさしく言った。

「え？　離れる……？　どういうことですか？」

まゆちゃんが、絵の上に手をのせたまま顔を上げた。

「でき上がった絵は、ひとつの作品だから、でき上がった瞬間に、作者の手から離れて、まわりに自分を見てもらいたいな、という意志が生まれるのよ。それは作品自体の心。描いた人の心とは別に、新しく生まれるの」

「……ほんとに？」

まゆちゃんの眉が少し下がり、不安そうに[B]数度まばたきをした。

「そうよ。たとえば、今ルイくんの描いたこの絵は、ルイくんだけのものだって思う？　ルイくんだけが見て、満足すれば、それでいいと思う？」

実弥子の質問に、まゆちゃんは[C]長い睫毛を伏せてしばらく考えた。

「そりゃあ、ルイくんの絵は、上手だから……みんなで一緒に見たいなあって思うけど……」

「まゆちゃんの絵も、みんなが一緒に見たいなあって思ってるよ」

実弥子がそう言ったとき、ルイがその言葉にかぶせるように「見せてよ」と

B	数度まばたきをした ——不安	・Ⅲが新しく生まれる（実弥子）
↓		
C	長い睫毛を伏せてしばらく考えた ——思案	・絵は描いた人だけのものではない（実弥子）
↓		
D	背筋を伸ばした ——Ⅱ	・まゆの描いた絵を見たい（実弥子とルイ）

ア　失望　イ　自慢　ウ　鼓舞　エ　嫌悪
オ　羞恥　カ　嫉妬

Chapter 26

読解 文学的文章② 心情・言動・理由

合格へのヒント

● 場面ごとに人物の心情は移り変わる。線を引く、メモをするなどして確かめよう！

月　日

1 心情・言動

❶ 心情のとらえ方

① **心情がはっきり書かれているところに注目する。**

「うれしい」「くやしい」などのように心情が直接書かれているところに注目する。「～しようと思った。」「～ではないかと感じた。」「～のような気がした。」などの文末表現も手がかりにする。

② **心情を、言動を通じて描いているところを押さえる。**

例「ゆたかは、負け試合に肩を落とした。」↓負けて落ち込んでいる。

例「大輔《だいすけ》のためなら、命を投げ出しても惜しくない。」僕はそこまで母に言われて、目頭が熱くなった。↓母の深い愛情に感動している。

❷ 心情と言動の因果関係

人物の言動のもとになる心情を押さえる。

例 弘《ひろし》はすいか泥棒にされて、腹立たしくなった。（心情）

↓

無実を訴えるため畑のおじいさんの家に走った。（言動）

絶対おさえる！

☑ **文学的文章に描かれる言動の中には、人物の心情とうらはらなものがある。**

例「……負けてなんかいないもん」裕太《ゆうた》はくちびるをぎゅっとかみしめて言った。

↓内心の悔しさを隠し、強がっている。

❸ 心情の変化

① **変化する前後に注意して心情を丁寧に追いかける。**

例「鈴木《すずき》さんは、運動会が大嫌いなんだって」

帰り道を歩きながら田中《たなか》さんが肩をすくめて言った。

「えっ!?」

あたしは絶句した。Aみんなが運動会が大好きで、全員が一等賞を望んでいるものと信じて疑わなかった。そんな人がいるのを知ったのは、あたしにとってB衝撃的で、人ってみんないろいろで、けっして同じじゃないんだと思うようになった。

↓心情A（以前）から心情B（今）への変化を押さえる。

② **心情の変化の理由（きっかけ）が書かれているところに注意して読む。**

例「リハーサルの調子でね」「あのときの歌い方、すごく良かったよ」

先輩の言葉に勇気づけられて、ステージに立つ不安が和らぎ、歌える自信が湧《わ》き上がってきた。

↓先輩の言葉が心情の変化のきっかけになっている。

2 理由

理由の押さえ方

直接的なきっかけは、**設問（傍線部）の直前**に描かれていることが多い。その一方で、**設問の後方に描かれることもある**ので、前方のみの理解では不十分になることにも注意が必要である。

基礎カチェック!

●次の文章を読んであとの問いに答えなさい。

父の郷里に移り住むことになった雪乃《ゆきの》は、除夜の鐘を撞《つ》きに、両親と父の友人広志《ひろし》、その息子大輝《だいき》の五人で神社を訪れている。大輝に続き、雪乃は初めて鐘を撞こうとしている。

頭の隅にふと、前に両親と行ったフィールドアスレチックでのターザンごっこがよぎった。縄につかまって、向こう側へと飛び移る。そうだ、あの感じ。

さっきの大輝と同じく、*撞木《しゅもく》の先がいよいよ触れそうになるのを二度、三度とくり返した後、①雪乃は、思いきって全体重で綱にぶらさがった。

ゴーーーウンンンンン。

勢い余って鐘の真下に入り込んだ身体が、残響にびりびり痺《しび》れた。

緊張がゆるむと、頭がぼうっとした。皆のところへ戻った雪乃の肩を、広志がぽんぽんと優しく叩《たた》く。

と、その陰にいた大輝と目が合った。また前のように鼻先をマフラーに埋めた彼が、くぐもった声で言った。

「②やるじゃん」

「えっ」

びっくりして、思わず声が出た。

「そ……そうかな。ちゃんとできてた?」

「生まれて初めてなんだろ? 上出来なんじゃねえの」

物言いは相変わらずぶっきらぼうだが、どうやら褒めてくれているらしい。それより何より、大輝との間に一往復以上の会話が成立したことに驚く。

後の人に場所を譲ってぞろぞろと鐘楼《しょうろう》から降り、再び狭い道路を渡って神社の境内へと戻る。ちょうどお詣《まい》りの列の後ろに並んだ時、あちこちから拍手や歓声が聞こえてきた。

（村山由佳《むらやまゆか》『雪のなまえ』による。）

*鐘を撞くための棒。

1. ――線①「雪乃は、思いきって全体重で綱にぶらさがった」とありますが、雪乃が思いきった行動をとったきっかけを描いている一文を抜き出し、そのはじめの五字を答えなさい。

2. 鐘撞きを終えたあとには雪乃のどのような様子が描かれていますか。それをまとめた次の文の□にあてはまる最も適切な言葉を、六字で抜き出しなさい。

・雪乃の□(六字)様子。

3. ――線②「やるじゃん」とありますが、このときの大輝の心情をまとめた次の文の□にあてはまる最も適切な言葉を、A・Bはそれぞれ指定の字数で抜き出し、Cは二字の熟語を考えて答えなさい。

・A(七字)の鐘撞きにしてはB(三字)であると思い、C している。

4. この文章の中で雪乃は自分に大きな変化を感じています。それはどのようなことですか。本文中から二十一字で抜き出し、そのはじめの五字を答えなさい。

答え

1. 頭の隅にふ
2. 緊張がゆるむ
3. 生まれて初めて（の鐘撞にしては）上出来（であると思い、）感心（している。）
4. 大輝との間

確認問題

日付	／	／	／
○△×			

解答解説 別冊P25

●次の文章を読んで、あとの問いに答えなさい。　［2020群馬］

「プロを目ざすのは、もうやめにしなさい。」

祐也《ゆうや》より頭ひとつ大きな父が言った。

「二週間後の研修会を最後にして、少し将棋を休むといい。いまのままだと、きみは取り返しのつかないことになる。わかったね？」

「はい。」

そう答えた祐也の目から涙が流れた。足が止まり、あふれた涙が頬をつたって、地面にぼとぼとと落ちていく。胸がわななき、祐也はしゃくりあげた。こんなふうに泣くのは、保育園の年少組以来だ。身も世もなく泣きじゃくるうちに、ずっと頭をおおっていたモヤが晴れていくのがわかった。

「将棋をやめろと言っているんじゃない。将棋は、一生をかけて、指していけばいい。しかし、おととしの十月に研修会に入ってから、きみはあきらかにおかしかった。おとうさんも、おかあさんも、気づいてはいたんだが、将棋については素人同然だから、どうやってとめていいか、わからなかった。二年と二ヵ月、よくがんばった。今日まで、ひとりで苦しませて、申しわけなかった。」

①父が頭をさげた。

「そんなことはない。」

祐也は首を横にふった。

「たぶん。きみは、＊秀也《しゅうや》が国立大学の医学部に現役合格したことで、相当なプレッシャーを感じていたんだろう。」

「おれは将棋が好きだ。プロにはなれなかったけど、それでも将棋が好きだ。」

うそ偽りのない思いにからだをふるわせながら、Ⅱ祐也はベッドに横になり、深い眠りに落ちていった。

（佐川光晴《さがわみつはる》『駒音高く』による。）

＊祐也の兄。

(1) 文章中の□にあてはまる四字熟語として、最も適切なものを、次のア〜エの中から一つ選び、記号で答えなさい。

ア　一朝一夕　　イ　一日千秋

ウ　千差万別　　エ　千載一遇

(2) ——線①「父が頭をさげた」とあるが、祐也に対して「父」が頭をさげたのはどうしてか。最も適切なものを、次のア〜エの中から一つ選び、記号で答えなさい。

ア　祐也が将棋を続けるという道を閉ざすことになったため。

イ　祐也の状況を見ていながら何もしてあげられなかったため。

ウ　祐也の気持ちを考慮せずに勉強を強要することになったため。

エ　祐也の夢の実現よりも兄の秀也のことを第一に考えていたため。

(3) ——線②「祐也は顔がほころんだ」とあるが、このときの祐也の気持ちとして、最も適切なものを、次のア〜エの中から一つ選び、記号で答えなさい。

ア　明るく振る舞う母の様子を見て心が和らぐ気持ち。

イ　無理をして自分を励まそうとする母に同情する気持ち。

ウ　自分の心情を察してくれない母に対してあきれる気持ち。

エ　自分を子供扱いする母の態度に照れくささを感じる気持ち。

父はそれから、ひとの成長のペースは□なのだから、あわてる必要はないという意味の話をした。

千駄《せんだ》ヶ谷《がや》駅で総武《そうぶ》線に乗ってからも、父は、世間の誰もが感心したり、褒めそやしたりする能力だけが人間の可能性ではないのだということをわかりやすく話してくれた。

「すぐには気持ちを切り換えられないだろうが、まだ中学一年生の十二月なんだから、いくらでも挽回《ばんかい》はきく。高校は、偏差値よりも、将棋部があるかどうかで選ぶといい。そして、自分なりの将棋の楽しみかたを見つけるんだ。」

ありがたい話だと思ったが、祐也はしだいに眠たくなってきた。錦糸町《きんしちょう》駅で乗り換えた東京メトロ半蔵門《はんぞうもん》線のシートにすわるなり、祐也は眠りに落ちた。

午後六時すぎに家に着くと、玄関で母がむかえてくれた。

「祐ちゃん、お帰りなさい。お風呂が沸いているから、そのまま入ったら。」

いつもどおり、張り切った声で話す母に、②祐也は顔がほころんだ。

浴槽につかっているあいだも、夕飯のあいだも、祐也は何度も眠りかけた。二年と二ヵ月、研修会で戦ってきた緊張がとけて、ただただ眠たかった。

悲しみにおそわれたのは、ベッドに入ってからだ。

「もう、棋士にはなれないんだ。」

祐也の目から涙があふれた。Ⅰ布団をかぶって泣いているうちに眠ってしまい、ふと目をさますと夜中の一時すぎだった。父と母も眠っているらしく、家のなかは物音ひとつしなかった。

常夜灯がついた部屋で、ベッドのうえに正座をすると、祐也は将棋をおぼえてからの日々を思い返した。米村《よねむら》君はどうしているだろう。中学受験をして都内の私立に進んでしまったが、いまでも将棋を指しているだろうか。いつか野《の》崎《ざき》君と、どんな気持ちで研修会に通っていたのかを話してみたい。

祐也は、頭のなかで今日の四局を並べ直した。どれもひどい将棋だと思っていたが、一局目と二局目はミスをしたところで正しく指していれば、優勢に持ち込めたことがわかった。

---

(4) ----線Ⅰ「布団をかぶって泣いているうちに眠ってしまい、ふと目をさますと夜中の一時すぎだった」、----線Ⅱ「祐也はベッドに横になり、深い眠りに落ちていった」とあるが、Ⅱで眠りに落ちていった時の祐也の心情はどのようなものであったと考えられるか。Ⅰで眠ってしまった時と比較して、書きなさい。

Chapter 27

読解

文学的文章③ 人物像・主題

合格へのヒント

● 直接描かれず難しいのが、人物像や主題。「作者の伝えたいこと」を意識して読もう。

月　日

1 人物像

❶ 人物の特徴

年齢・学年・性別・容姿・性格・特技・苦手なもの・生い立ち（過去）といった、人物についての情報を押さえる。

例 道夫《みちお》は、尻もちを何度もつきながらもめげずに鉄棒に挑みました。学校の通信簿の中で、いつも体育だけが「もっとがんばりましょう」と目立つ赤字で書かれていて、不名誉な限りだったのです。

→道夫は体育が苦手、負けず嫌いな性格であることがわかる。

❷ 人物の身の回り（境遇）

家庭環境・人間関係など、登場人物の身の回りの情報を押さえる。

例 智子《ともこ》は、仲良しの春子《はるこ》が遊びに来てくれたというのに、どこか落ち着かないようだった。智子の家では、昨年の冬におじいちゃんが急に倒れてしまい、お父さんもお母さんも、看病に付きっきりで、すっかり疲れ果てていた。

→家庭環境が智子の心に影響を与えていることがわかる。

絶対おさえる！

☑ **人物情報の中でも、特徴的な設定により注意を向けるようにする。**

例 **基本的な設定…中学二年生（学年）**
特徴的な設定…空想癖がある・里子《さとご》である・重い病気にかかっている

2 主題

❶ 主題…作者がその作品（文学）の中で描こうとするテーマのこと。読み手に送りたいメッセージでもある。

❷ 主題のとらえ方

① 本文全体の展開を押さえる。

文学的文章では、テーマが文章中に明示されることは少ない。そのため、本文のストーリー展開を理解すること、感性を豊かに働かせて登場人物の心情の機微を読み取ることが前提になる。

② 作品の中の一番盛り上がる場面に注目する。

主題をとらえる方法の一つに、クライマックスに注目するというものがある。たとえば、クラブで活動する仲間の心がひとつになった描写のある場面が、作品のストーリー展開の中で重要であると判断される場合、その作品の主題は、「大切な仲間」、「仲間どうしのきずな」であることがわかる。

③ たくさんの文学作品に触れ、経験を積む。

友情、家族愛、兄弟愛、成長、命の尊さなど、入試に良く出るテーマについて、多くの作品を読み、慣れておくことも大切である。

例 僕と翔也《しょうや》は、最上川《もがみがわ》を自作のいかだで下る決断をした。日本海の入り口のぎりぎりまでのおよそ十キロばかりを下り、中学校生活の最後の思い出を華やかに飾るのだ。それには、本格的ないかだが必要だった。翔也の家にある二トン車用の大きなガレージを作業場にして、二人の夏休みのすべてを注いだ。→「共同作業と友情」がテーマだと読み取れる。

基礎カチェック！

●次の文章を読んであとの問いに答えなさい。

戦後、運輸省の鉄道総局に勤めることになった松岡聡一《まつおかそういち》は、班長木崎《きざき》のもとで新しい電車を製造するための研究や実験を行っている。
木崎は、戦後復興と平和のために希望の乗り物づくりに人生を捧《ささ》げたいと語った。

改めて誓いを立てるように言い、木崎は月を仰いだ。だが、すぐに目を伏せた。自分には上を向くことも許されていないのだというようで、聡一はたまらなくなる。

戦争は、人の命だけではなく誇りやアイデンティティまでえぐり取るのだ。

「手伝います」

宣言するように言うと、聡一自身も今、やっと許されたような気になった。長く苦しんでいた自己嫌悪と劣等感から、抜け出せるかもしれない。いや、抜け出したい。

「平和を運ぶ乗り物をつくりたいです」

まっすぐに木崎を見つめると、木崎もまたすっと視線を上げた。受諾なのか拒否なのかわからないさみしそうな目をしていたが、歩き出した背中はしゃんと伸びていた。聡一も続く。

「戦争で失われたものを取り返したいと思って研究所に来ました。たくさんの人も物も失われてしまったけれど、なくなった後には、必ず生まれるものがあるはずです」

「……」

木崎の大きくて鋭い目が聡一を捉えた。

「すみません。生意気なことを言いました」

「いや」

木崎は少し笑った。穏やかな笑顔だった。

「一緒に美しい列車をつくろう」

空地にひしめく*バラックが月明かりに照らされていた。

（まはら三桃《みと》『零から０へ』による。）

*仮設された建築物。

1. 松岡聡一の境遇についてまとめた次の文の□にあてはまる最も適切な言葉を、Aは二字の熟語を答え、Bは指定の字数で抜き出しなさい。
・［A］という厳しい時代に生きており、［B（十六字）］と願っている。

2. 木崎の容姿の特徴を描いている一文を本文中から探し、そのはじめの五字を抜き出しなさい。

3. この文章の主題を説明したものとして、最も適切なものを、次のア～エの中から一つ選び、記号で答えなさい。
ア　戦争の残した深い爪痕に打ちのめされながらも、木崎と松岡聡一が未来の祖国に見いだした希望を描いている。
イ　平和な時代を取り戻すべく何とかしたいと願いつつも、無力さに直面する木崎と松岡聡一の葛藤を描いている。
ウ　戦争で多くの犠牲を払った時代であっても、不屈の精神で生きる木崎と松岡聡一の力強さを描いている。
エ　戦火を浴びて粉々に破壊された母国の惨状に耐えながら生きる木崎と松岡聡一の苦しみを描いている。

答え
1. A戦後　B戦争で失われたものを取り返したい
2. 木崎の大き
3. ア

確認問題

日付	○△×
／	
／	
／	

解答解説 別冊P25

●次の文章を読んで、あとの問いに答えなさい。　［2019栃木］

早朝、人目を避けて家から出かけていく母親に気付き、ひさしはひそかにその後をつけた。しかし、ついて行くのに精一杯で母親を見失ってしまいそうになる。

明け方の世界にひとり見放されて、何もかも滅茶滅茶《めちゃめちゃ》になってゆきそうなのがたまらなくなり、自分でもおぼえず母親を呼んだ時には、心にもあらず涙声になっていた。

「どうしたの！」

という母親の声は、やさしくは響かなかった。むしろ叱りつけられたようにひさしには感じられた。

母親のおどろきがあまりにも強くて、叱りつける声ででもなければ鎮《しず》まらない程のものだということを理解するには、ひさしはまだ幼な過ぎた。しかし、子供が、寒い朝、しかも学校へ行く前にこんな所まで出て来てはいけないと畑の中で白い息を吐き続ける母親に、ひさしは少しも靡《なび》かなかった。

ひさしの態度に母親は諦めたのか、自分のショールをとって、ひさしに*頬《ほお》被《かぶ》りさせると、ひさしの肩を抱えるようにして歩き出した。それから、行き先はお地蔵様のお堂で、それは父親の病気が一日も早く癒《いえ》るように、もう何日も前から続けているお百度参りのためであることなどを、順々に話して聞かせた。

［ア］

明け方の世界にひとり見放されたかという、来る時の心細さは、帰り道ではほとんどなくなっていた。しかし、家の者がまだ寝ているうちに家を抜け出して、他家の人のようになってお百度参りをする母親を目にしたひさしは、もう、それを知らないうちのひさしに戻るわけにはいかなかった。これはひさし自身にも、どうにもならないことであった。

行きには誰とも会わなかった道で、帰りには、荷馬車と擦れ違った。自転車の人に追い抜かれ、*大八車を引く頬被りの人に会った。鍬《くわ》を担《かつ》いだ農夫は、擦れ違う時、お早《はよ》うございますと言ってひさし達に頭を下げた。ひさし達も、お早うございますと言って頭を下げた。

（竹西寛子《たけにしひろこ》『虚無僧』から）

＊頬を隠すように頭から手ぬぐいや布などをかぶること。
＊自分の願いの実現を神仏に頼むこと。特定の物を食べない断食《だんじき》（断ち物）やお百度参りなど、祈願のためには様々な方法がある。
＊荷物を運ぶ大きな二輪車。

(1) 「短いような、長いような時間が過ぎた。」という一文は、大きく場面が転換する位置に入る。この一文が入る位置として最も適切なものを、文章中のア～エの中から一つ選び、記号で答えなさい。

(2) ——線①「自分が脱いだコートをまた頭から被らせて、からだに巻きつけてやった」とあるが、ここには母親のどのような思いが表れているか。最も適切なものを、次のア～エの中から一つ選び、記号で答えなさい。

ア　ひさしには暖かくして縁側に坐ったまま待っていてほしい。
イ　ひさしには得体のしれないものから遠ざかっていてほしい。
ウ　ひさしには裸足で歩く自分の痛々しい姿を見てほしくない。
エ　ひさしには二度と大声で自分のことを呼んでほしくない。

ひさしはその時になって、この頃母親が肉も魚も食べなくなっていたのは、*願かけのためだったということも初めて知らされた。これはお母さんがすればよいので、ひさしが真似《まね》をするのはよくないとも母親は言った。

畑を通り抜けた所に、その地蔵堂はあった。民家が寄り合っている場所なので、気をつけていないと素通りしかねない入口である。ひさしには、境内に入ってからの広さが意外であった。

［イ］

母親は、お堂の縁側にひさしを坐《すわ》らせると、今度は①自分が脱いだコートをまた頭から被らせて、からだに巻きつけてやった。

「達磨《だるま》さんになって、待っておいで。」

そう言い置いてひさしの前を離れた。馴《な》れた足どりで境内の一隅に行くと、草《ぞう》履《り》を脱いだ。白い足袋《たび》をとってその上に置いた。

何か祀《まつ》ってあるのかはひさしには分《わか》らないのだが、かなり大きな石像の前に跪《ひざまず》いて一礼した母親は、それから何ごとかを唱えながら、決まっているらしい石の道を一《ひ》と廻《めぐ》りした。一礼するとまた唱えごとをしては一と廻りする。

［ウ］

ひさしは初めのうち、一回、二回と数えていたが、そうして待つのは母親に対しても、また、母親が願いごとをしている何かに対しても悪いような気がしてきて、途中でやめた。母親の唱える声は、気のせいかしだいに強くなり、石の上を廻る速度も少しずつ早くなっていくように見える。ひさしは、母親の足の裏から、血が出ていはしないかと心配であった。

自分の起きる前に、母親は②毎朝こうしていたのだと思うと、自分には分らないところで生きている時間の母親は他家《たけ》の人のような気もするのであるが、いちばん気味悪いのは、母親をそうさせてしまう何かで、その何だか知れないものに、母親が逆らうことも出来ずに連れ出されて行く妬ましさとさびしさは、ひさしにはちょっと類のないものであった。

［エ］

---

(3) ——線②「毎朝こうしていた」とあるが、ひさしは母親がどうしていたことを知ったのか。二十字以内で書きなさい。

(4) 次の図は、ひさしの変化についてまとめたものである。［　］にあてはまる最も適切な箇所を本文中から三十字で探し、そのはじめと終わりの五字を抜き出しなさい。

◎ひさしの変化が読み取れる主な箇所
- 悪いような気がしてきて、途中でやめた。
- 妬ましさとさびしさは、ひさしにはちょっと類のないものであった。

↓

- ［　］

ひさしの成長

Chapter 28

表現 新傾向問題①

月　日

合格へのヒント

● 意見文は、意見そのものよりも理由が大切。客観的な理由を書くことを強く意識しよう！

1 課題作文（意見文）

作文をいきなり書き始めると、余計に時間がかかる場合が多い。次の点をあらかじめ考えてから書き始めよう。

❶ 課題文の出題意図をつかむ。

何について書くための課題文か、**課題文のテーマや要旨をおさえ、出題意図をつかむ**。作文のテーマを見失うと、書く内容がずれてしまう。

❷ 自分の立場や意見を決める。

賛成や反対など、**自分の立場や意見をはっきりさせる**。

❸ 説得材料を考える。

なぜその意見を選んだのか、他の意見よりどこがよいのかなど、できるだけ**客観的な理由や、理由を裏付ける具体例を探す**。

❹ 構成を考える。

構成が指定されている場合は指示に従う。指示がない場合は、結論をどこに置くかで次の三つの書き方がある。

・**頭括型**《とうかつがた》……結論を文章のはじめに書く。
・**尾括型**《びかつがた》……結論を文章の最後に書く。
・**双括型**《そうかつがた》……結論を文章のはじめと終わりの両方に書く。

絶対おさえる！

☑ **課題をよく読んで意見と理由を書き出し、矛盾なくつながるかを確かめ、構成を決めてから書き始めよう。**

2 原稿用紙の書き方

①
（　）調べるテーマは決まったが、 ②
調べる方法がよくわからなか
ったぼくたちは、図書館に行 ③
って聞いてみることにした。

① 書き出しや段落のはじめは、一マス空けて書く。

② 行の最初のマスに、句読点（「。」「、」）や閉じかぎ（」）を書かない。

→言葉を変えてみる。

前の行の最後のマスに文字といっしょに書く。

欄外に書く。

③ 拗音《ようおん》（「しゃ」「しゅ」「しょ」など）や促音《そくおん》（「行って」など）は、前の行の最後のマスに文字といっしょに入れずに、次の行の最初に一マス使って書く。

〈その他の注意点〉

・文体は「だ・である」調（常体）、「です・ます」調（敬体）のどちらかに統一して書く。
・一文を長くしすぎない。
・主語と述語を正しく対応させ、誤字・脱字に注意する。

絶対おさえる！

☑ **文体は敬体と常体が混在していないか、主語と述語は正しく対応しているかなど、最後に必ず読み返して確認しよう。**

基礎力チェック!

● 次の［　　］内の文章は、「英語を学ぶ意義」について、中学生の三人が述べた意見です。

カナ　私は、コミュニケーションの輪が広がることだと思います。世界中の人と英語で交流することができるので、外国の方とも友人になれるかもしれません。

ケン　僕は、情報量が増えることだと思います。インターネット上の英語で書かれた情報が理解できれば、さまざまな考え方にも触れることができます。

アヤ　日本文化への理解が深まることだと思います。語学を通じて異なる文化に触れることで、日本の文化や日本人の考え方を改めて知ることができると思います。

三人の意見の中で、あなたが注目する意見を一つ選び、その意見に対するあなたの考えと理由を、自身の経験や見聞をふまえて、百五十字以上二百字以内で書きなさい。

〈書く内容を整理しよう〉

1. 三人の意見の差をとらえる。

英語を学ぶ意義として、カナさんは「交流」、ケンさんは「情報」、アヤさんは「日本文化」を挙げている。→1参照

2. 誰の意見に対して意見を述べるかを決める。

経験談や具体例が思い浮かぶものを選ぶとよい。

例 海外旅行に行った姉から聞いた、子どもとの交流に失敗した話を使おう。→「カナさん」にしよう。→1参照

3. 「自身の経験や見聞」を考える。

例 姉は、海外旅行中、店で迷子になっている子を見かけて声をかけたが、うまく話すことができず、余計泣かれてしまいつらかったらしい。→1参照

4. 意見と理由を考える。

意見（カナさんの意見に賛成。）

理由（会話ができれば、外国の方とも交流できるから。）→1参照

5. 書く順番を考え、文をつなげていく。→1・2参照

私は、カナさんの意見に賛成だ。なぜなら、英語で会話ができれば、外国の方とも交流することができると思うからだ。

　先日、姉は海外旅行に行った。そのとき、店で迷子になっている子を見かけ、思わず声をかけたそうだ。しかし、英語をうまく話すことができず、その子を余計に泣かせてしまってつらかったと聞いた。海外へ行けば、様々な人と交流することになるので、その手段として、英語を身に付けたい。

確認問題

日付	○△×
／	
／	
／	

解答解説 別冊P26

1 太郎さんは、国語の宿題で語句の意味調べをした。その際、太郎さんの辞書に書かれた語釈（語句の説明）に、特徴的なものがあることに気がついた。あとの会話は、その時の太郎さんと、太郎さんの母親との会話である。これを読んで、太郎さんの辞書に書かれた語釈の特徴である――線部X・Yのどちらか一つを選択し、次の(1)～(5)の条件に従って、あなたの考えを書きなさい。

〔2021鹿児島〕

条件

(1) 二段落で構成すること。
(2) 第一段落には、選択した特徴の良いと思われる点を書くこと。
(3) 第二段落には、選択した特徴によって生じる問題点を書くこと。
(4) 六行以上八行以下で書くこと。
(5) 原稿用紙（20字詰×8行＝省略）の正しい使い方に従って、文字、仮名遣いも正確に書くこと。

太郎「辞書を使っていたら、おもしろいことに気づいたよ。」
母親「どんなことに気づいたの。」
太郎「ある食べ物についての説明の中に、『おいしい』って感想が書いてあったんだ。」
母親「へえ。辞書を作った人のX主観的な感想が書かれているのね。たしかにおもしろいわね。」
太郎「他にも、【草】の説明に『笑うこと・笑えること』という意味や、【盛る】の説明に『話を盛る』という用例が書いてあったよ。」
母親「その【盛る】は『おおげさにする』という意味で使われているのね。太郎の使っている辞書には、もともとの意味や用例だけでなく、Y現代的な意味や用例も書かれているということね。」

2 あなたのクラスでは、国語の授業で、次の［　］の中の文章が紹介された。

> 読書や一人旅には、一人で過ごす時間の中で、自分なりの楽しさを見つけることができるという魅力があります。そのような、自分が見つけた楽しさを、周囲の人に伝える人もいますが、自分の中だけで楽しむ人もいます。
>
> あなたなら、自分が見つけた楽しさを、周囲の人に伝えますか。

この文章について感想を述べ合ったところ、「自分が見つけた楽しさは、自分の中だけで楽しめばよい。」という発言をした人がいた。そこで、この発言について、それぞれが賛成、反対の立場に立って意見を述べることになった。あなたならどちらの立場で、どのような意見を述べるか。そう考える理由を含めて、あなたの意見を書きなさい。ただし、次の条件1、2にしたがうこと。

条件1　一マス目から書き始め、段落は設けないこと。
条件2　字数は、百五十字以上、百八十字以内とすること。（27字詰×6行＋18字、原稿用紙＝省略）

〔2021静岡〕

3 **ある中学校で美化委員長を務める田中みずきさんは、全校集会で、掃除への取り組みについて呼びかけるスピーチをすることになった。次の［　］内のスピーチの原稿を読んで、後の問いに答えなさい。**
〔2022岐阜〕

みなさん、こんにちは。美化委員長の田中みずきです。今日は、みなさんにうれしいエピソードを紹介したいと思います。先日、学校にいらっしゃった地域の方から「校内がきれいだね」ということばをもらいました。その時、私はみんなで掃除に真剣に取り組んできたことが認められたのだと感じ、本当にうれしかったです。

これからも校内をきれいに保ち、私たちが誇りに思える素敵な学校を作るため、積極的に掃除に取り組みましょう。

(1) もらい を「地域の方」に対する適切な敬語表現に直して書きなさい。

(2) 美化委員会では、積極的に掃除に取り組むことを呼びかける標語を作ることになり、次の二つが候補となった。

【標語】

A　ひたむきに　一人一人が　動かす手

B　声をかけ　みんなで協力　すみずみキレイ

標語A、Bのどちらを掲示するのがよいと思うか。あなたの考えを書きなさい。段落構成は二段落構成とし、第一段落ではあなたの考えを、第二段落ではあなたがその標語を選んだ理由を書きなさい。ただし、次の《注意》に従うこと。

《注意》㈠ 題名や氏名は書かないこと。
㈡ 書き出しや段落の初めは一字下げること。
㈢ 六行以上九行以内（20字詰×9行、原稿用紙＝省略）で書くこと。
㈣ 標語AをA、標語BをBと書いてもよい。

4 **次は、「どのようなときに国語の乱れを感じるか」という質問に対して、中学生の三人が述べた意見です。**

〈Aさん〉私は、敬語が正しく使われていないときに国語の乱れを感じます。敬語は、堅苦しく感じるという人もいますが、相手を大切に思う気持ちを表すことができるので、正しく使いたいです。

〈Bさん〉私は、会話の中で若者言葉が使われると、国語の乱れを感じることがあります。確かに同世代や仲間内では通じやすいのですが、相手や場面によってはふさわしくない言葉だと思います。

〈Cさん〉私は、テレビの出演者などが外来語を多用した発言をしていると、国語が乱れていると感じます。効果的な使い方もありますが、多用されると分かりにくく感じます。

三人の意見の中で、あなたが注目した意見を一つ選び、その意見に対するあなたの考えと、そのように考えた理由を、百六十字～二百字で書きなさい。
〔2022宮城〕

Chapter 29

表現

新傾向問題②

合格へのヒント

● 資料の読み取りは、考えを入れず客観的に！事実を丁寧に読んでから、意見を考えよう。

月　日

1 資料の読み取り方

資料の内容を正しく読み取り、それに対する自分の意見を書く。

❶ 何についての資料か

問題文や資料のタイトルに着目し、**何についての資料か**をつかむ。

❷ 資料からわかることは何か

資料の特徴をふまえ、資料から何がわかるかを読み取る。

・**表**…伝えたい事柄を、整理してわかりやすく表したもの。

→数値化しにくいもの、内容を整理して比較検討したい場合などに用いられる。

この表では、各クラスの教科別平均点が一目でわかり、比較できる。

例

期末テスト平均点

	1組	2組	3組
国語	53	61	57
英語	49	55	52
数学	59	53	55

・**グラフ**

①**円グラフ**…全体に対する割合を見る。最も多い項目は何か、注目したい項目の割合はどのくらいか、などを読み取る。

②**折れ線グラフ**…主に時系列による数量の変化を見る。グラフの傾きに注目し、増加、減少の度合いや、最も数値が高いのはどこか、などを読み取る。

③**棒グラフ**…棒の高さから、項目ごとの数量の差や全体的な傾向を見る。

④**積み上げ棒グラフ**…項目ごとの累計や構成比を見る。

▶A中学校の2年生を対象としたアンケート結果

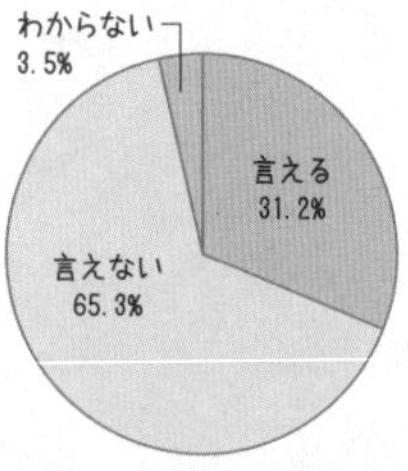

友達に自分の意見や考えをはっきり言うことができますか。

→アンケートの質問内容から、「友達に自分の意見や考えをはっきり言えるかどうか」という、「コミュニケーション」に関する資料だとわかる。最も回答割合の多い項目に着目すると、六割を超える人が「言えない」と回答していることが読み取れる。

2 資料に対する意見文の書き方

・**資料から読み取ったことをもとにして意見をまとめる**。資料が自分の意見の根拠となるよう、つながりに注意すること。

・字数に余裕のある場合は、**資料に関連する自身の体験や見聞**を入れると、説得力が高まる。

・「資料から読み取ったこと→自分の体験や見聞・意見」の順に書くとまとめやすい。

絶対おさえる！

☑ **資料の読み取りに自分の考えを入れないこと。事実と意見をはっきり分けて書こう。**

基礎力チェック！

●次の【資料】は文化庁が行った「国語に関する世論調査」の結果をまとめたものです。この資料から読み取ったことをもとに、あとの〈条件〉に従って、あなたの考えを書きなさい。

▶【資料】
下線部分の言い方をほかの人が使うのが「気になる」割合（年齢別）
「なにげなくそうした」ということを、「なにげにそうした」と言う。

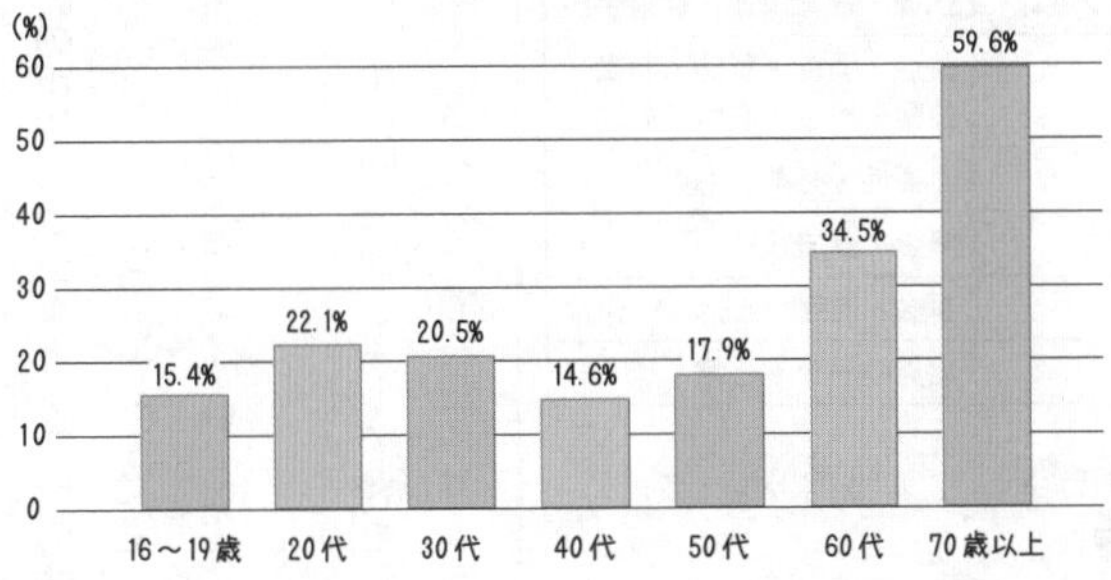

（文化庁　令和３年度「国語に関する世論調査」より作成）

〈条件〉

(1) 二段落構成とし、第一段落では、あなたが資料から読み取った内容を、第二段落では、第一段落の内容に関連させて、自分の体験や見聞をふまえて、あなたの考えを書くこと。

(2) 原稿用紙（15字詰め×13行＝省略）の正しい使い方に従って、文字、仮名遣いも正確に書くこと。

〈考え方〉

1. 何についての資料かを読み取る。

→【資料】の解説文から、「なにげに」という言い方をされることが気になるかどうか、つまり「言葉遣い」や「コミュニケーション」について考えさせるための資料だとわかる。また、年代別の棒グラフであることから、感じ方の年齢による差を読み取ることができる。→1参照

2. 資料の内容を読み取る。

例 ①「気になる」と回答した割合が最も高いのは70歳以上、次に60代である。

②50代以下で「気になる」と回答した人は、二割前後である。→1参照

3. 資料から読み取ったことをもとに意見をまとめる。

・資料の読み取り①と結びつける。

〈具体例〉例 以前、祖父と電話中に「勝たん」って、何に勝つのか？　と聞き返されたことがある。

〈意見〉例 相手に不快な思いをさせるだけではなく、意味が意図したとおりに伝わらない恐れがあるので、60代以上の方と話すときは、「なにげに」というような言葉を使うべきではない。

・資料の読み取り②と結びつける。

〈具体例〉例 本来、立派な男子を意味する「大丈夫」という言葉が、今では、やわらかなノーの意味で使われるようになっている。

〈意見〉例 言葉は時代の中で変化するものである。「なにげに」という言い方も、日本語の中で徐々に定着しつつあるのではないだろうか。

→2参照

確認問題

日付	○△×
／	
／	
／	

解答解説 ⇒ 別冊P27

1 近年、外国との間の人・物・情報の交流の増大や、諸分野における国際化の進展に伴い、日本語の中での「カタカナ語」の使用が増大しています。カタカナ語の使用が増えていくことについてのあなたの考えを、原稿用紙（20字詰×15行＝省略）に三百字以内で書きなさい。ただし、あとの条件にしたがって書くこと。

［2021大阪］

（注）カタカナ語＝主に欧米から入ってきた外来語や日本で外来語を模してつくられた語で、カタカナで表記される語のこと。

【資料】

カタカナ語の例

カタカナ語	原語（元になった外国語）の主な意味
コミュニケーション	伝達・意志疎通・通信手段
ポイント	論点・要点・目的・特徴・段階・地点・点数・先端
ニーズ	必要性・必要なもの
テンション	緊張・緊迫状態
リスペクト	尊敬・敬意
コンセンサス	意見の一致・合意

カタカナ語やカタカナ語の使用に関するさまざまな意見

- 表現のかたさが和らぐ。
- 人によって理解度が異なる。
- カタカナ語を使用しない方がわかりやすい。
- 格好よくて現代風である。
- これまでにない物事や、和語や漢語では表しにくい微妙な意味合いを表している。
- 多義性があり誤解や意味のずれを生むこともある。
- 原語の意味とカタカナ語の意味とが異なる。

条件　前の【資料】からわかることをふまえて、カタカナ語の使用が増えていくことについてのあなたの考えを書くこと。

---

2 総合的な学習の時間で「これからの社会」というテーマで学習しています。次の調査結果を参考にして「情報通信機器が可能にする社会」について考えることになりました。実現したら使いたいと思う情報通信機器①～⑤の中から一つ選び、後の【条件】に従って書きなさい。

［2022富山］

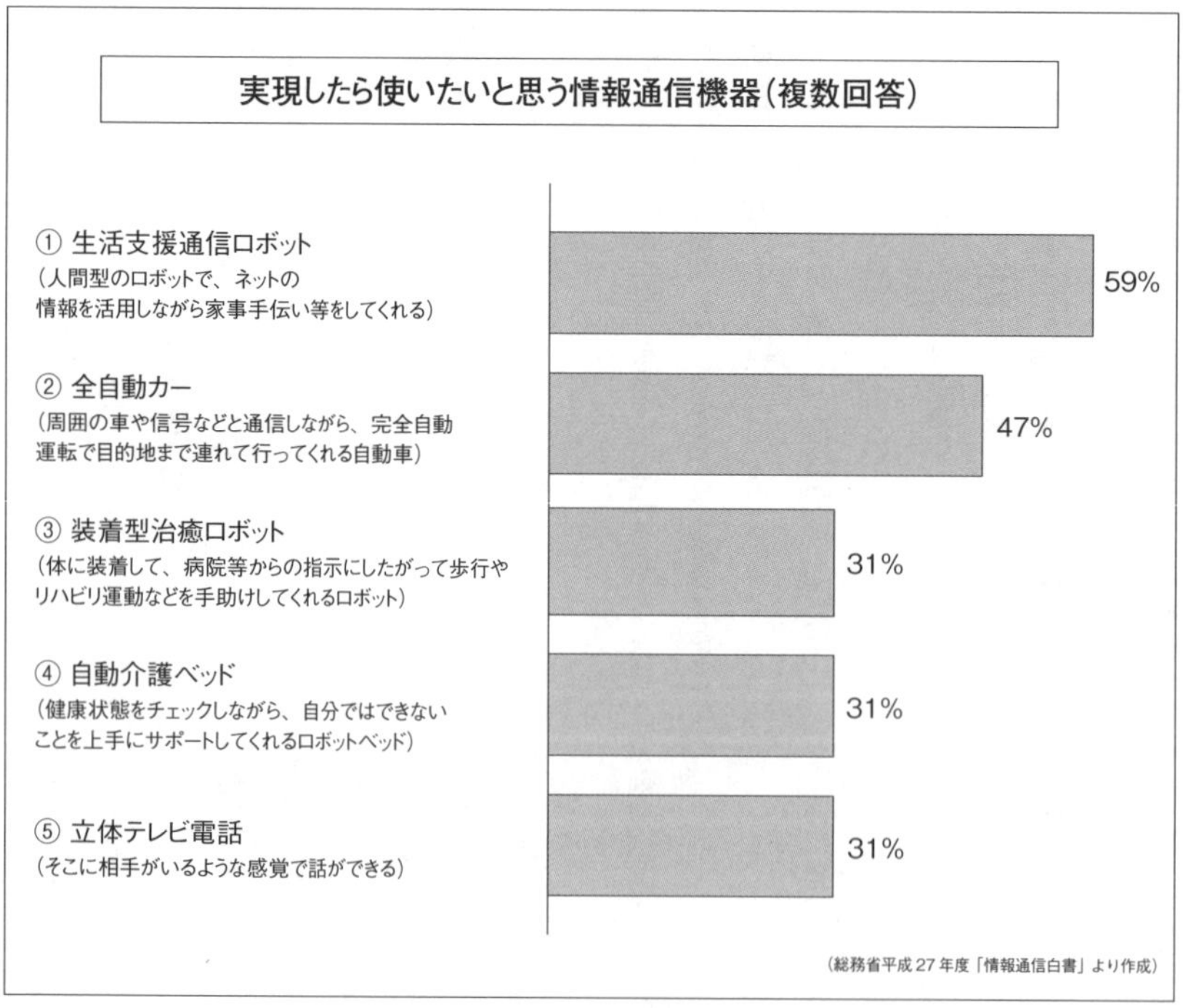

実現したら使いたいと思う情報通信機器（複数回答）
① 生活支援通信ロボット
（人間型のロボットで、ネットの情報を活用しながら家事手伝い等をしてくれる）
59%
② 全自動カー
（周囲の車や信号などと通信しながら、完全自動運転で目的地まで連れて行ってくれる自動車）
47%
③ 装着型治癒ロボット
（体に装着して、病院等からの指示にしたがって歩行やリハビリ運動などを手助けしてくれるロボット）
31%
④ 自動介護ベッド
（健康状態をチェックしながら、自分ではできないことを上手にサポートしてくれるロボットベッド）
31%
⑤ 立体テレビ電話
（そこに相手がいるような感覚で話ができる）
31%

（総務省平成27年度「情報通信白書」より作成）

【条件】

1、二段落構成とし、各段落の内容は次の2、3のとおりとする。

2、第一段落は、選んだ情報通信機器に関わる、現在の社会の状況や課題について、あなたの体験や見聞を踏まえて書く。

3、第二段落は、その情報通信機器を使用することで、どのような社会になるか、あなたの考えを書く。

4、原稿用紙（20字詰×11行＝省略）の使い方に従い、百八十字以上、二百二十字以内で書く。

3 下の資料は、全国の子供や若者を対象に行った意識調査の結果を、二つの年齢層に分けてグラフで表したものである。この資料を見て気づいたことと、「自分自身を変えること」についてのあなたの考えや意見を、次の条件に従って書きなさい。

〔2021福島〕

条件

1、二段落構成とすること。

2、前段では、資料を見て気づいたことを書くこと。

3、後段では、前段を踏まえて、「自分自身を変えること」についてのあなたの考えや意見を書くこと。

4、全体を百五十字以上、二百字以内でまとめること。

5、氏名は書かないで、本文から書き始めること。

6、原稿用紙（10字詰×20行＝省略）の使い方に従って、文字や仮名遣いなどを正しく書き、漢字を適切に使うこと。

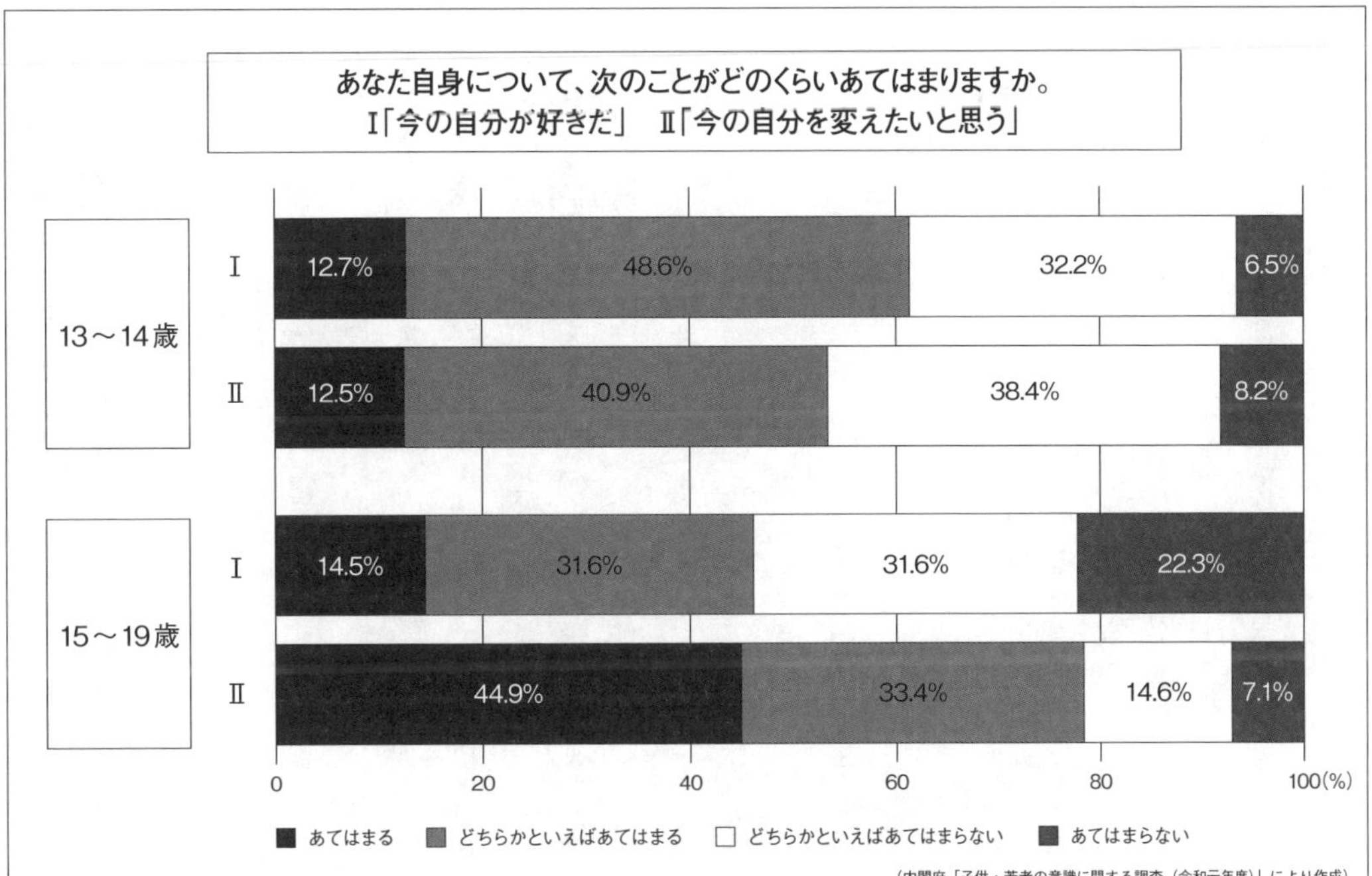

（内閣府「子供・若者の意識に関する調査（令和元年度）」により作成）

Chapter 30

表現

新傾向問題③

1 複数の資料の読み取り方

① グラフが複数ある場合

例

▶【資料Ⅰ】食品ロス量の推移

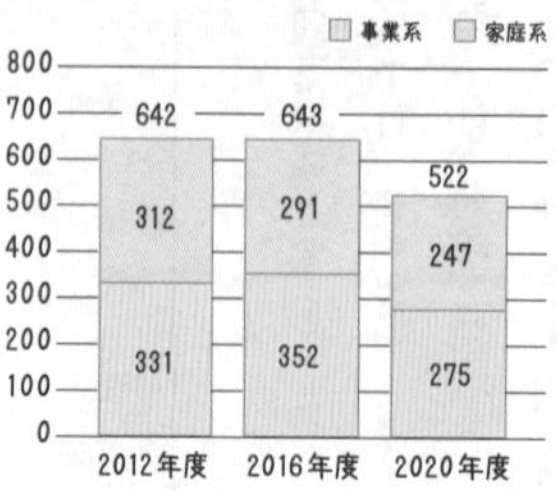

▶【資料Ⅱ】

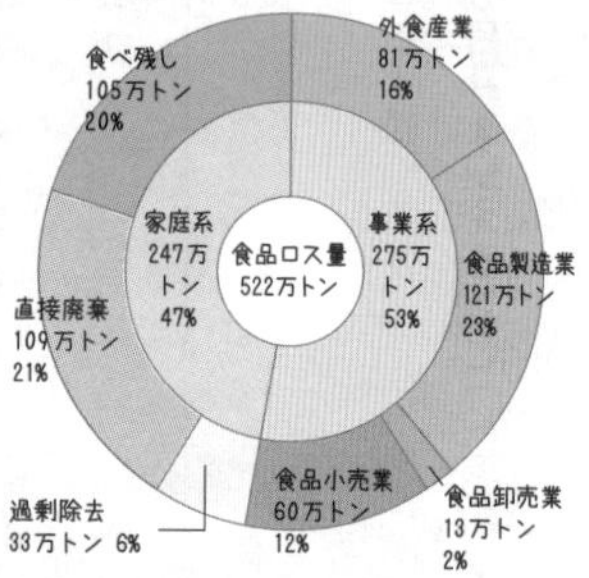

（消費者庁 令和4年食品ロス削減関係参考資料より作成）

→【資料Ⅰ】は食品ロス量全体の推移を、【資料Ⅱ】は食品ロス量の内訳から今後の課題を考えさせるための資料だといえる。

この場合は、【資料Ⅰ】をもとに食品ロス量全体が減少傾向にあることを述べ、さらにロスを減らすための自身の考えを、【資料Ⅱ】のどれか一項目に着目してまとめるとよい。

② グラフと話し合いが組み合わされた場合

・グラフや表のどこに着目して話しているのかを押さえながら読む。

・発言の意図や効果、発表の工夫をとらえる。

絶対おさえる!

☑ **話し合いや発表と同じ意見をそのまま書かない。賛成する場合は、自身の体験など根拠を独自のものにしよう。**

合格へのヒント

● 資料が複数ある場合、どう読むかが難しい。先に設問の内容を確認しておくとよい!

月　日

基礎力チェック!

● 次は、中学生のAさんたちが行っている、校内体育大会のスローガンについての話し合いの一部です。【黒板】の内容と 話し合いの様子 を読んで、あとの問いに答えなさい。〔2022埼玉〕

【黒板】

《本日の議題》
校内体育大会のスローガンについて
《スローガンの候補》
① つかめ栄光　深まれ友情
　力の限り全力で
② 全力!　感動!
　みんなで楽しむ体育大会!
③ 切磋琢磨《せっさたくま》
　～今この瞬間に生まれる絆《きずな》～

話し合いの様子

Aさん「では、提案された三つの候補について、必要があれば修正しつつ、最終的に一つを選びたいと思います。まずはそれぞれの候補について、よい点や改善点などを自由に発言してください。」

Bさん「①の『つかめ栄光　深まれ友情　力の限り全力で』がよいと思います。理由は、他のクラスと勝ち負けを争って優勝を目指すということと、練習や本番を通じて友情を深め団結を強めるという、二種類の目標が入っているからです。それぞれの視点から取り組むことで、より充実した体育大会にできると思います。」

Cさん「私は③の『切磋琢磨～今この瞬間に生まれる絆～』を推薦します。互いに励まし合い競争し合うことで共に向上する、という『切磋琢磨』の意味と、副題を合わせて考えると、各クラス内だけでなく、競い合う他のクラスや他学年とも励まし合い、絆を生み出すという目標になるため、学校行事のスローガンとしてふさわしいと思うからです。」

Dさん「私は②の『全力！ 感動！ みんなで楽しむ体育大会！』がよいと思いました。『楽しむ』という言葉から、最終的な勝ち負けのみにとらわれることなく全力を尽くし、最高の思い出を作る、という意志が感じられるからです。」

Eさん「Dさんの意見に賛成です。ただ、『楽しむ』という言葉を使用した意図を示さないと、スローガンを見た人たちに意味を誤解されてしまうかもしれないので、気をつけた方がよいと思います。」

Fさん「そうですね。『楽しむ』という言葉が、『楽をしたい』や『好きなことだけがんばる』といった意味にとらえられてしまわないように、意図を補足する副題をつけ加えてはどうでしょうか。」

Aさん「なるほど。それでは②については、副題の追加も含めて、引き続き検討していきたいと思います。他に何か意見はありますか。」

問い「『楽しむ』という言葉が、『楽をしたい』や『好きなことだけがんばる』といった意味にとらえられてしまわないように、意図を補足する副題をつけ加えてはどうでしょうか。」とありますが、このFさんの発言についての説明として最も適切なものを、次のア～エの中から一つ選び、その記号を書きなさい。

ア　他の人の発言と自分の発言の問題点を示して、賛成するか反対するかの確認をしている。

イ　他の人の発言を引用して、話し合い全体の振り返りと今後検討すべきことを述べている。

ウ　直前の発言内容の一部を具体的に言い換えた上で、自分の考えを提案として示している。

エ　直前の発言内容を一部否定しながら、新たな意見を出し合うよう全体に呼びかけている。

〈話し合いの読み取り方〉

1. 話し合いのテーマや役割、発言内容をとらえる。

司会はAさん。話し合いの方向性を示して発言を促したり、意見をまとめて、話し合いを先へ進めたりしている。

Bさんは、①案、Cさんは③案に賛成し、その理由を述べている。

2. ②案について

Dさん…②案に賛成し、その理由を述べている。

Eさん…Dさんに賛成だが、言葉の意図を示さないと誤解されるおそれがあることを指摘。

Fさん…Eさんの意見に「そうですね」と同意。どのように「誤解される」のかを説明した後、「副題」をつけ加えるという「意図を示」す方法を具体的に提案している。

3. 選択肢の誤りに線を引き、選択肢をしぼっていく。

答え　ウ → 1《参照

アは、「自分の発言」と「賛成するか……確認している」が誤り。イは、「話し合い全体の振り返り」が誤り。エは、「一部否定しながら」が誤り。

確認問題

○△× 日付

解答解説 ⇒ 別冊P28

●次は、「国語に関する認識」をテーマとして調べ学習を行ったAさんのグループが、発表をする際に用いる【資料】と【発表原稿の一部】である。よく読んで、あとの(1)～(3)に答えなさい。〔2022山口〕

【資料】

基本調査 国語で乱れを感じているところ（複数回答可）

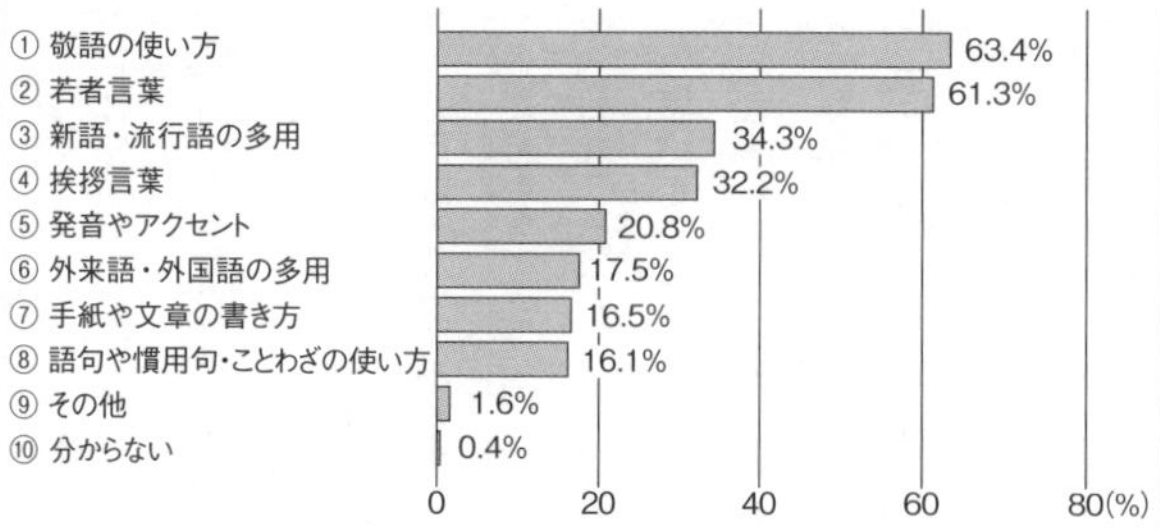

データ1 （①について）気になる表現

（数字は%）

	言い方 ※下線部が気になる表現	気になる	気にならない	その他
ア	規則でそうなってございます。	81.5	15.8	2.7
イ	こちらで待たれてください。	81.3	17.2	1.5
ウ	お歩きやすい靴を御用意ください。	78.0	20.0	2.0
エ	お客様が参られています。	77.4	20.7	1.9
オ	昼食はもう頂かれましたか。	67.5	29.8	2.7

データ2 （①、②について）乱れていると答えた人の割合（年齢層別）

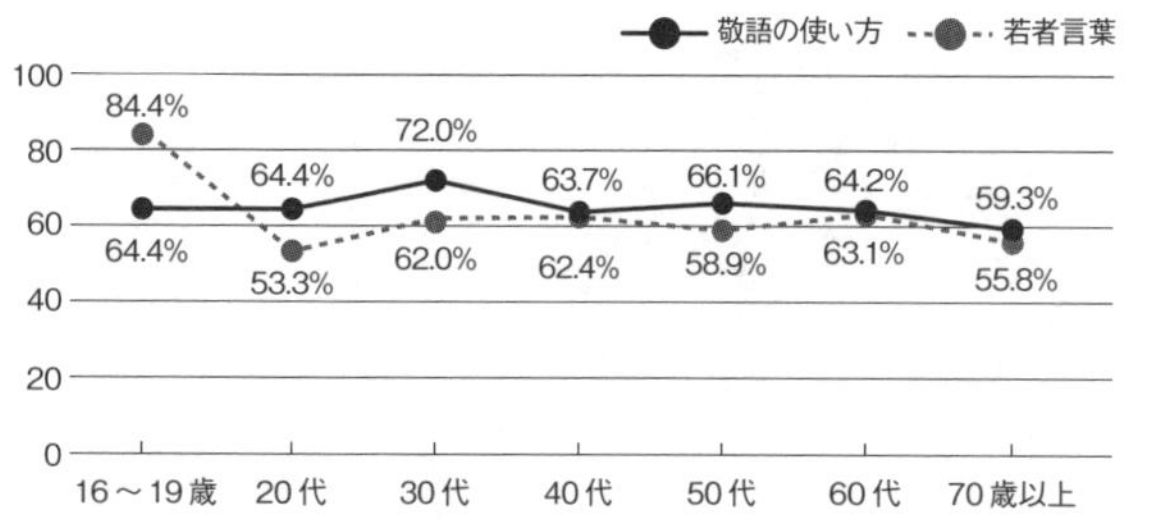

データ3 （⑧について）慣用句「浮足立つ」の意味とは

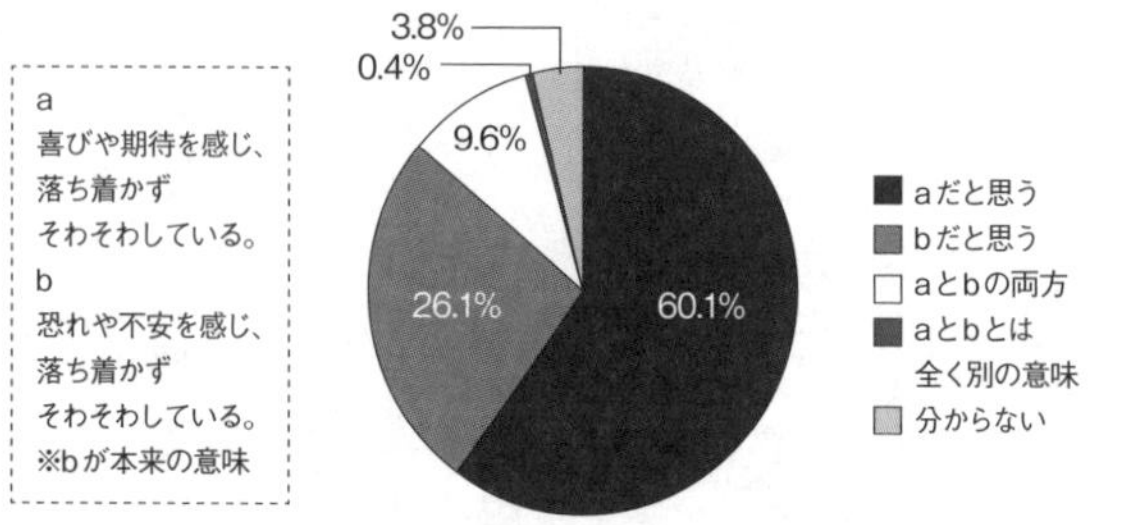

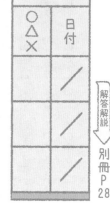

【発表原稿の一部】

私たちは、国語に対する認識について調べてみました。まず、《基本調査》の結果からは、①の「敬語の使い方」と②の「若者言葉」に乱れを感じている人の割合がともに六割を超えていることが分かります。そのうち「敬語の使い方」については、データ1に気になる表現を挙げています。その中で私たちが注目したのは、「言い方」の中にある[Ⅰ]の表現のように、尊敬語と謙譲語の使い分けができていないことです。この二つの使い分けを、よく理解していきたいと思いました。

データ2からは、「十六～十九歳」と「二十代」の認識には共通点と相違点があるということが分かります。隣接する年齢層ではあるものの、調査対象の全年齢層の中で比較すると、相違点として[Ⅱ]ということが挙げられ、そのことがこのグラフから読み取れる大きな特徴となっています。なぜこのような結果になったのか、大変興味があります。

そして、《基本調査》の⑧の「語句や慣用句・ことわざの使い方」にも注目しました。この項目については、乱れを感じている人の割合はそれほど高くありません。しかし、データ3を見ると、慣用句「浮足立つ」については、本来とは異なる意味で認識している人の方が多くなっていました。ここから考えると、《基本調査》においてこの項目の数値がそれほど高くない原因は、人々が慣用句を本来とは異なる意味で認識していることに気づいていないためである、ということが分かります。言葉の意味が時代とともに変化することは自然なことではありますが、本来の意味を理解することも大切だと思いました。

---

(1) 【発表原稿の一部】の[Ⅰ]に入る内容として最も適切なものを、次の1～6から選び、番号で答えなさい。

1 アとイ　2 アとオ
3 イとエ　4 ウとオ
5 ウとエ　6 エとオ

(2) 【発表原稿の一部】の[Ⅱ]に入る適切な内容を、文脈に即して答えなさい。

(3) Aさんのグループでは、発表原稿の内容の確認を行った。その際、Bさんが【発表原稿の一部】の～～部の内容について次のような指摘を行い、グループでもう一度調べ直すことにした。[　]に入る適切な内容を、「全体の傾向」という言葉を用いて二十五字以内で答えなさい。

> 確かに、慣用句を異なる意味で認識して本来の意味に気づいていない人が多いことは、この項目の数値が低いことの原因の一つであるようにも思いますが、[　]ことは、適切ではないと思います。慣用句の捉え方に関する事例をもっと調べてみませんか。

監修者紹介

清水　章弘（しみず・あきひろ）

◉——1987年、千葉県船橋市生まれ。海城中学高等学校、東京大学教育学部を経て、同大学院教育学研究科修士課程修了。新しい教育手法・学習法を考案し、東大在学中に20歳で起業。東京・京都・大阪で「勉強のやり方」を教える学習塾プラスティーを経営し、自らも授業をしている。
◉——著書は『現役東大生がこっそりやっている 頭がよくなる勉強法』（PHP研究所）など多数。青森県三戸町教育委員会の学習アドバイザーも務める。現在はTBS「ひるおび」やラジオ番組などに出演中。

岸　誠人（きし・まさと）

◉——1989年、千葉県生まれ。加藤学園暁秀中学校・高等学校を経て、東京大学教育学部卒業。株式会社プラスティー教育研究所 国語科主任を務める。小学生から大学受験生まで幅広く国語の授業を担当しながら、学習法の研究を行う。担当する高校受験クラスでも学習法を実践し続けている。
◉——大学受験雑誌『螢雪時代』（旺文社）で入試の分析、効果的な国語学習のやり方について執筆中。執筆協力に『高校入試の要点が1冊でしっかりわかる本 5科』（小社刊）など。

プラスティー

東京、京都、大阪で中学受験、高校受験、大学受験の塾を運営する学習塾。代表はベストセラー『現役東大生がこっそりやっている、頭がよくなる勉強法』（PHP研究所）などの著者で、新聞連載やラジオパーソナリティ、TVコメンテーターなどメディアでも活躍の幅を広げる清水章弘。

「勉強のやり方を教える塾」を掲げ、勉強が嫌いな人のために、さまざまな学習プログラムや教材を開発。生徒からは「自分で計画を立てて勉強をできるようになった」「自分の失敗や弱いところを理解し、対策できるようになった」の声が上がり、全国から生徒が集まっている。

学習塾運営だけではなく、全国の学校・教育委員会、予備校や塾へのサービスの提供、各種コンサルティングやサポートなども行っている。


高校入試《こうこうにゅうし》の要点《ようてん》が１冊《さつ》でしっかりわかる本《ほん》 国語《こくご》

2023年11月６日　　第１刷発行

監修者——清水　章弘／岸　誠人
発行者——齊藤　龍男
発行所——株式会社かんき出版
東京都千代田区麴町4-1-4 西脇ビル　〒102-0083
電話　営業部：03(3262)8011㈹　編集部：03(3262)8012㈹
FAX　03(3234)4421　　振替　00100-2-62304
https://kanki-pub.co.jp/
印刷所——シナノ書籍印刷株式会社

　ISBN978-4-7612-3105-7 C6081

高校入試の要点が1冊で
しっかりわかる本　国語

別冊解答

Japanese

解答と解説の前に、
点数がグングン上がる国語の勉強法をご紹介します。
時期ごとにおすすめの勉強法があるので、
自分の状況にあわせてためしてみてください。
解答と解説は４ページ以降に掲載しています。

点数がグングン上がる！

国語の勉強法

基礎力UP期（4月〜8月）

●「意味調べ学習法」でまずは語彙を増やそう！

国語の基礎となるのが「語彙力」。入試では初見の文章が出てくるが、意味を知らない言葉が多いと文章の内容を正確に読み取れない。そこで、普段から言葉の意味を調べ、知識を習得する作業を習慣化しておこう。この時期には、言葉の知識を増やすことから取り組んでみてほしい。本書には、高校入試に必要な知識を一通りまとめてある。これを活用していこう！

言葉の知識を増やすには「意味調べ学習法」がおすすめ。これは、知らない言葉をリストアップし、意味を辞書で調べていく方法のこと。縦書きのノートなら、真ん中に線を引いてページを上下に分けよう。線より上に言葉を、下に意味を書くと、意味を隠して自分でテストできるので便利だ！

●〇△×管理法で、苦手分野を把握しよう！

問題を解くときにおすすめなのが、「〇△×管理法」。〇は「解説を見ずに正解できた問題」、△は「解説を読めば理解できた問題」、そして×は「解説を読んでも理解できなかった問題」だ。解いて丸付けが終わったら、それぞれの問題に印をつけていこう。解き直すべき問題は△印の問題、先生や友達に質問するべき問題は×印の問題だと一目でわかる。

×の問題は質問して理解できれば△をとなりに書き加え、△の問題は後日何も見ずに解くことができれば〇を書き加え、最後はすべての問題が〇印になることを目指そう！

「〇△×管理法」のやり方

準備するもの：
ノート２冊（１冊目を「演習ノート」、２冊目を「復習ノート」と呼びます）

1. 問題を「演習ノート」に解く。丸つけをするときに、問題集の番号に「〇」「△」「×」をつけて、自分の理解状況をわかるようにする。

〇…自力で正解できた。
△…間違えたけど、解答を読んで自力で理解した。次は解ける！
×…間違えたので解答・解説を読んだけど理解できなかった。

2. △の問題は解答・解説を閉じて「復習ノート」に解き直す。「答えを写す」のではなく、自分で考えながら解き直して、答案を再現する。
3. ×の問題は先生や友人に質問したり、自分で調べたりしたうえで「復習ノート」に解き直す。

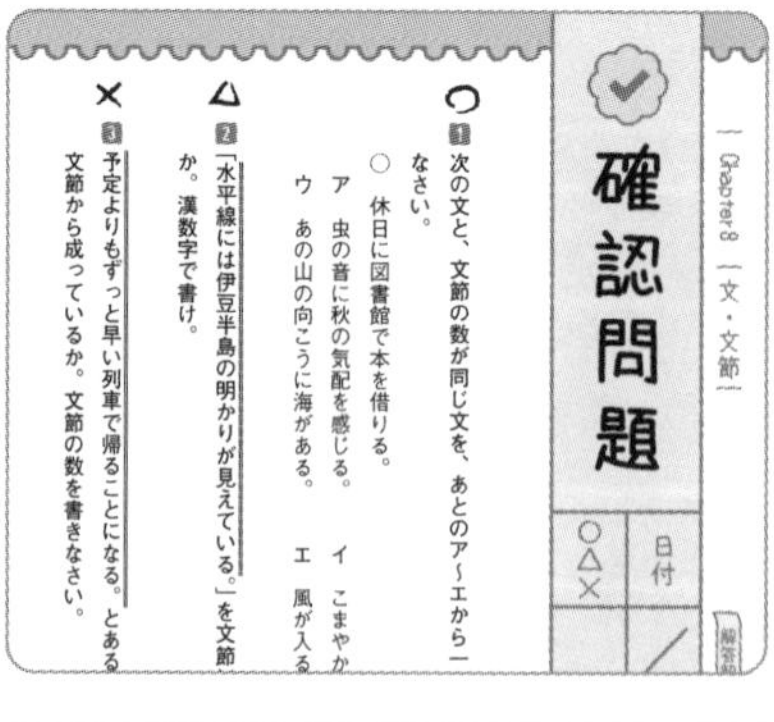

復習期（9月〜12月）

●問題演習中も知識の習得は必須

一通り文法を習い終わった人は、読解問題に取り組んでいるかもしれない。この時期特有の悩みを抱える人も多いだろう。たとえば、問題文を読むのに時間がかかってしまう、設問を解くときに問題文のどこを見直せばいいのかわからない……。ひょっとしたら知識が定着していない可能性がある。問題演習を進める中でも、知識が定着できているかを、常に確認してみてほしい。

●問題文の理解度アップを！

ただ、知識だけを習得すれば問題が解けるようになるわけではないのが難しいところ。問題演習で苦戦している場合は、「見出しづけ読解法」がおすすめだ。まずは問題文を読みながら、文章を「意味段落」のかたまりに区切っていく。いきなり意味段落に区切るのは難しい……という人は、はじめは形式段落でも構わない。

そして、意味段落の内容を端的に示す「見出し」をつけてみる。見出しは、新聞記事の見出しのイメージで、「短文」もしくは「句」（「AはBである」「BであるA」）でつけると端的に内容を表現できるはず。慣れないうちは「単語」（「Aについて」）でもOK！

こうして意味段落ごとに見出しをつけていくことで、問題文の内容を整理しながら読み進めることができ、理解度のアップを実感できるはずだ。また、自分の書いた見出しをたどることで、設問を解くときにも解答の根拠となる箇所を見つけるスピードが速くなる！

まとめ期（1月〜受験前）

●知識は読解問題でも役立つ

総まとめとして本書を手にした人は、まずは「基礎力チェック！」を一通り解き、知識の抜けがないかどうかを確認！「合格へのヒント」には、意外と見落としがちなポイントがまとめてあるので、過去問題で出題された分野の「合格へのヒント」を見直そう。

●解答の精度を上げていこう！

過去問題は、解き終えた後の見直しのやり方が何よりも重要だ。たとえば選択肢問題では、「誤りの選択肢がなぜ誤りなのか？」を必ず確認するように心がけよう。誤りの選択肢と一口に言っても、さまざまなパターンがある。問題文よりも言いすぎている選択肢（「〜だけ」「〜ばかり」などの表現は要注意！）、一般論としては正しいが問題文には書かれていない選択肢、時系列の順序が逆になっている選択肢……。パターンを分析し、毎回確認することで、誤りの選択肢を見つける精度がアップしていく。問題作成者になったつもりで、誤りの選択肢を見抜けるように訓練していこう。

また、記述問題では、模範解答を要素に分割し、要素ごとに配点の割り振りを予想してみよう。たとえば内容説明問題であれば、傍線部の比喩表現を言いかえられていれば●点、違いを説明する問題であれば、対比の構造が書けていれば●点……など。入試本番では、記述問題で満点をとることは難しいが、確実に部分点をもらえる答案を書くことを意識してみよう！

1 漢字の知識①

本冊 P10・11

解答

1 X **ア** Y **キ**

2 (1) **イ** (2) **イ** (3) 水

3 れっか（れんが）

4 **エ**

5 **エ**

6 （部首名）きへん　（総画数）十五

7 十四

8 **エ**

9 **ウ**

10 **ウ**

11 **オ**

12 **ア**

13 **ア**

解説

1 X 「大」のように「物の形をかたどることでその物を表す漢字」を「象形文字」という。

Y 「大」と同じ象形文字は**キ**「羊」である。**カ**「本」は「指事文字」、**ク**「知」は「会意文字」、**ケ**「油」は「形声文字」である。

2 (1) 音を表す漢字と意味を表す漢字を組み合わせてできた漢字を「形声文字」という。

(2) 「主」には、「じっととどまる」という意味がある。

(3) （ ③ ）より前の生徒Bの発言の内容から、（ ③ ）にはへんが表しているものが入ることがわかる。ここではへんが「氵（さんずい）」なので、「水」が適当。

3 「熊」の部首は「灬」の部分で、「れっか（れんが）」である。

4 「欠」は口を大きくあけてあくびをしている様子を表していて、部首としては「あくび・けんづくり・かける」と呼ばれる。

5 「花」の部首は「くさかんむり」で、同じ部首を持つ漢字は**エ**「葉」である。他の漢字の部首はそれぞれ、**ア**「栄」は「き」、**イ**「雲」は「あめかんむり」、**ウ**「笑」は「たけかんむり」である。

6 「権」の部首名は「きへん」で、総画数は十五画である。

7 「閣」の総画数は十四画である。

8 「祝」の部首は「ネ（しめすへん）」で、同じ部首を持つ漢字は**エ**「祈」である。他の漢字の部首はそれぞれ、**ア**「粗」は「こめへん」、**イ**「租」は「のぎへん」、**ウ**「析」は「きへん」である。

9 「映」の総画数は九画で、同じ総画数の漢字は**ウ**「級」である。他の漢字の総画数はそれぞれ、**ア**「救」は十一画、**イ**「隊」は十二画、**エ**「径」は八画、**オ**「郷」は十一画である。

10 それぞれの漢字の総画数は、**ア**「銅」が十四画、**イ**「種」が十四画、**ウ**「潮」が十五画、**エ**「磁」が十四画である。

11 それぞれの漢字の画数は、A「泳」が八画、B「紀」が九画、C「雪」が十一画、D「祝」が九画である。よって、B「紀」とD「祝」の画数が同じである。

12 楷書で書いた場合の最後の二画が連続して書かれている。

13 ①楷書の「いとへん」の最後の三画は、「真ん中→左→右」の順番で書くが、行書では「左→真ん中→右」の順番で書かれている。②行書では七画目の左払いから八画目が連続して書かれている。

2 漢字の知識②

本冊 P14・15

解答

1 **ア**

2 3

3 **ウ**

4 **イ・ウ**

5 収

6 四（画目）

7 (1) **イ** (2) **イ** (3) **イ** (4) **イ** (5) **ア** (6) **ア** (7) **イ** (8) **イ**

8 (1) さつき (2) はたち (3) ゆらい (4) きんちょう (5) もみじ (6) けいだい (7) きちょう (8) めがね

9 (1) **ア** (2) **イ** (3) **イ**

10 (1) **ウ** (2) **ア** (3) **エ** (4) **イ**

(5) ウ

11 エ

12 ア

13 エ

14 ア・ウ

解説

1 いとへんの下の三画が変化する。

2 左はらいを先に書かないように注意する。

3 「取」は行書では三画目が横画ではなく縦画になる。

4 くさかんむりは行書で筆順が変化する。

5 「収」の一画目は縦画。

6 うしへんは「牛」と書き順が異なる。

7 (1)「なる」は送りがなではない。
(2)「我」の音読みは「ガ」。「我慢」などの熟語がある。
(3)「はね」という訓読みもある。
(4)「千」の音読みは「セン」。
(5)「額」の訓読みは「ひたい」。
(6) 常用漢字表では「号」は音読みのみ。
(7)「言」の音読みは「ゲン・ゴン」。
(8)「輪」を音読みする熟語は「車輪」など。

8 (1)「五月晴れ」のときは「さつき」と読む。
(2)「二十歳」も「はたち」と読む。
(3)「由」も「来」も音読み。
(4)「張」の訓読みは「は（る）」。
(5) 熟字訓でない読みは「コウヨウ」。
(6)「ケイナイ」「キョウナイ」と読まないように注意する。
(7)「重」を「チョウ」と読む熟語には「重複」「重用」などがある。
(8)「ガンキョウ」と読む場合もある。

9 (1)「熱」の音読みは「ネツ」、「築」の音読みは「チク」。
(2)「着」の音読みは「チャク」、「申」の音読みは「シン」。
(3)「訳」の音読みは「ヤク」、「束」の音読みは「ソク」。

10 (1) **ウ**は「はり（がね）」。他は「シン」。
(2) **ア**は「ジャッ（カン）」。他は「わか」。
(3) **エ**は「きず（ぐち）」。他は「ショウ」。
(4) **イ**は「（シャ）ソウ」。他は「まど」。
(5) **ウ**は「（くろ）しお」。他は「チョウ」。

11 「拝（む）」と書く。**ア**は「発令」、**イ**は「俳句」、**ウ**は「朝礼」、**エ**は「拝借」。

12 「交（えて）」と書く。

13 **ア**は「ゆき・ぐに」、**イ**は「ショ・モウ」、**ウ**は「て・チョウ」、**エ**は「ガク・ぶち」。

14 **ア**は「あま・グ」、**イ**は「バン・ぐみ」、**ウ**は「に・モツ」、**エ**は「わか・もの」、**オ**は「チャク・リク」。

3 漢字の読み

本冊 P18・19

解答

1 (1) いちじる (2) りじゅん

2 (1) せんぞく (2) そうかい (3) うるお (4) なぐさ (5) ぞうり

3 (1) れんか (2) どんてん (3) もよお (4) あわ

4 (1) たず (2) たいまん (3) なか (4) はいえつ

5 ふんいき

6 (1) あいさつ (2) しょうあく (3) せきべつ (4) と

7 (1) ぞうてい (2) うけたまわ (3) よくよう (4) いど (5) ひめん

8 (1) あつか (2) しぼ (3) ゆかい (4) ていさい

9 (1) しふく (2) ばんしょう (3) なま

10 (1) ふぶき (2) はば (3) かんしょう (4) おお

11 (1) おだ (2) かわせ

12 (1) すこ (2) いんえい

13 (1) りれき (2) はくり (3) かか (4) はず

14 (1) かか (2) とうすい

15 (1) ちょめい (2) きし (3) ふる (4) いこ

16 (1) かたず (2) しっと (3) ひた

17 さまた

18 (1) ふんべつ (2) しもて

19 (1) うわ (2) すもう (3) たび
(4) びより (5) みやげ (6) もめん
(7) わこうど (8) たなばた

解説

1 (1) 「著」の音読みは「チョ」。「著名」「著者」などの熟語がある。
(2) 「利潤」は、もうけという意味。

2 (1) 「専」の訓読みは「もっぱ（ら）」。
(2) 「さわやか」で「こころよい」という意味。訓読みは送りがなに注意する。
(3) 「潤」には、利益という意味がある。
(4) 「慰労」「慰問」などの熟語をつくる。
(5) 熟字訓。わらなどで作ったはきもののこと。

3 (1) 「廉」には、値段が安いという意味がある。
(2) 「晴天」「雨天」などとあわせて覚える。
(3) 「催事」「開催」などの熟語をつくる。
(4) 二つ以上のものを一緒にすること。

4 (1) 同訓異字に「訪ねる」などがある。
(2) やるべきことをやらずに、なまけること。
(3) 「はん（ばん）」と読まないようにする。
(4) 身分の高い人に会うという意味の謙譲語。

5 「ふいんき」と誤りやすいので正しく覚える。

6 (1) 読みだけでなく、書きでも出題されやすい。
(2) 「掌」には、てのひらという意味がある。
(3) 「わかれ」を「おしむ」こと。
(4) 「遂行」などの熟語をつくる。

7 (1) 「呈」は「露呈」などの熟語にも使われる。
(2) 送りがなにも注意する。
(3) イントネーションのこと。
(4) 「挑戦」などの熟語をつくる。
(5) 職務をやめさせること。

8 (1) 「扱」は熟語の形をとらない。
(2) 「絞る」という同訓異字がある。
(3) 「愉」には「輸」「諭」など似た字が多い。
(4) 「たいさい」と読まないようにする。

9 (1) 「私服」「私腹」などの同音異義語がある。
(2) 夕方につく寺の鐘のこと。
(3) 「怠惰」などの熟語をつくる。

10 (1) 熟字訓だが、送りがなを伴って「吹雪く」と表記することもある。
(2) 音読みは「フク」。
(3) 「衝撃」を「緩める」もの。
(4) 「覆面」「覆水」などの熟語をつくる。

11 (1) 「隠」と書き誤りやすいので注意する。
(2) 「為替」は熟字訓。

12 (1) 音読みは「ケン」。
(2) 「陰」も「影」も、かげという意味。

13 (1) 「履歴」はこれまでの経歴のこと。
(2) 「はがれ」て「はなれる」こと。
(3) 「抱える」は書きでも出題されやすい。
(4) 「弾力」「弾性」などの熟語をつくる。

14 (1) 「さ（げる）」と読まないように注意する。
(2) うっとりすること。

15 (1) 「有名」と類義。
(2) 「棋士」は碁や将棋を職業とする人のこと。
(3) 「興奮」や「奮起」などの熟語をつくる。
(4) 音読みは「ケイ」。「休憩」などの熟語をつくる。

16 (1) 「固唾」は熟字訓。
(2) 「嫉」も「妬」も、相手をねたむ気持ちのこと。
(3) 「侵」と書き誤りやすいので注意する。

17 似た形の漢字に「防（ぐ）」がある。

18 (1) 「ふんべつ」は、常識的な判断をすること。
「ぶんべつ」は、種類ごとに分けること。
(2) 「へた」「したて」などと区別する。

19 (1) 送りがながあるが、熟字訓である。
(2) 「撲」を「僕」と書かないようにする。
(3) 靴下のようなもの。
(4) 「日和見」は、態度がはっきりしない様子。
(5) 「どさん」と読まないようにする。
(6) 「木」に「も」という読みがあるわけではない。
(7) 「わかびと」と読まないようにする。
(8) 熟字訓は読みで問われることが多いが、書けるようにもしておく。

4 漢字の書き

本冊 P22・23

解答

1 (1) 社→舎　(2) 助→序

2 (1) **ア**　(2) **ウ**　(3) **エ**

3 (1) 臨　(2) 音

4 辞典

5 (1) **イ**　(2) **エ**

6 **ウ**

7 **イ**

8 絶

9 (例)左右対称の形を書く。／比較対照実験を行う。

10 (1) 効率　(2) 熟

11 (1) 冷　(2) 包装

12 (1) 衛星　(2) 射

13 築

14 **ウ**

15 (1) **エ**　(2) **ア**　(3) **ウ**

16 **エ**

17 (1) 当→討　(2) 収→集　(3) 断→裁

解説

1 (1) 「舎」は、建物のこと。
(2) 「序」は、順番という意味。

2 (1) 「人事異動」という熟語で覚えておく。
(2) 「解」には、ほどくという意味がある。
(3) 深い意味が隠れている様子を表す四字熟語。

3 (1) 「臨む」は、ここでは、参加するという意味。
(2) 「音をあげる」は、弱音をはくという意味。

4 「事典」や「字典」と区別する。

5 (1) 「規制」と書く。
(2) 「意向」と書く。「意向」とは考えのこと。

6 **ア**は「量る」、**イ**は「測る」、**ウ**は「図る」、**エ**は「計る」と書く。

7 **ア**は「公園」、**イ**は「講演」、**ウ**は「後援」、**エ**は「好演」と書く。

8 いつも笑顔でいる、という意味。

9 「対称」「対照」などの同音異義語を用いる。

10 (1) 「公立」「高率」などの同音異義語があるが、文脈から判断する。
(2) 熟すこと。「売」をあてないこと。

11 (1) 「覚ます」は、目をさますこと。
(2) 「包」は二画目の形に注意する。

12 (1) 「衛生」と混同しやすいので注意する。
(2) 「入る」「居る」などの同訓異字がある。

13 「築城」「建築」などの熟語に用いられる。

14 **ア**は、しくみのこと。**イ**は、大きく成功すること。**ウ**は、いつでも対応できる状態のこと。**エ**は、体全体のかまえのこと。

15 (1) 「支持」と書く。
(2) **エ**の「借(りる)」と混同しないようにする。
(3) 「(一日)千秋」と書く。

16 「納税」という熟語で覚える。**ア**は「修復」、**イ**は「給油」、**ウ**は「欠席」、**エ**は「納豆」。

17 (1) 「検討」は、詳しく調べて、よく考えること。
(2) 「集約」は、ひとつにあつめること。
(3) 「たつ」は同訓異字が多い。布を切るときに用いるのは「裁つ」。

5 熟語①

本冊 P26・27

解答

1 **ア**

2 **イ**

3 **ウ**

4 **イ**

5 羊毛

6 **エ**

7 **ウ**

8 **エ**

9 Ⅰ群 **ウ**　Ⅱ群 **カ**

10 **イ・エ**

11 **ウ**

12 **ア**

13 **イ**

14 **ウ**

15 人工

16 退化

17 必然

18 複雑

19 **ア・ウ**

20 **イ**

解説

1 「獲」と「得」は似た意味の漢字。

2 「長」が「靴」を修飾している。

3 「しっかり（確）」と「立てる」なので、修飾・被修飾の関係。

4 似た意味の漢字を重ねているものを選ぶ。

5 「緑」が「茶」を修飾している。**イ**「羊毛」も「羊」の「毛」と修飾・被修飾の関係になっている。

6 似た意味の漢字を重ねているものを選ぶ。

7 下から返って読むことができる点に着目する。

8 「金」を「募る」なので、下の漢字が上の漢字の対象になっている。

9 「報」も「告」も、知らせるという似た意味の漢字である。

10 「相違」は、上の漢字が下の漢字を修飾している。

11 **ウ**は似た意味の漢字を組み合わせたもの。それ以外は、上の漢字が下の漢字を修飾している。

12 「拒否」「承諾」という対義語をつくる。

13 「軽率」「慎重」という対義語をつくる。

14 **ア・イ・エ**は、それぞれ類義語である。

15 「人口」と書かないように注意する。

16 「進化」と「退化」は一字が共通する対義語。「進退」という熟語もある。

17 「偶然」はたまたまそうなること。「必然」はそうなると決まっていること。

18 「単」と「複」、「純」と「雑」がそれぞれ対応する対義語。

19 「具体」と「抽象」は対義語である。

20 「貢献」「寄与」は、役に立つという意味。

6 熟語②

本冊 P30・31

解答

1 **イ・ウ**

2 **イ**

3 天

4 **イ**

5 **イ**

6 **ア**

7 夢

8 **イ**

9 ゆうこく

10 **ア**

11 弱肉強

12 **ウ**

13 **ア・オ**

14 **イ**

15 **エ**

16 **エ**

解説

1 **ア**は「不＋公平」、**エ**は「衣＋食＋住」、**オ**は「無＋気力」。

2 **ア・ウ・エ**は、上の一字が下の二字の意味を修飾している。

3 「天」を「点」や「転」と書かないように注意する。

4 「うれしくなったり」が「喜」に、「不安になったり」が「憂」に対応している。

5 心を一つのことに集中させ、乱れない様子。

6 絶え間なく、日々進化する様子を表す四字熟語を選ぶ。

7 「五里霧中」と混同し、「霧」と書かないようにする。

8 「一部始終」は、最初から最後まですべてという意味。

9 「深山幽谷」は、人里離れたところにある、深い山と谷がある場所のこと。

10 「ほんの少しの間」が「一朝一夕」と対応している。

11 弱い者が強い者に征服されること。

12 **エ**「千変万化」は、さまざまに変化すること。

13 **オ**「唯一」は一つしかないこと、「無二」は二つとないことなので、どちらも同じ意味である。

14 **イ**「一挙両得」は、二つのものを同時に手に入れること。「お互いの得意分野を生かしながら」という内容にはそぐわない。

15 **イ**「深謀遠慮」は、先々まで見据えて計画を念入りに立てること。

16 **ウ**「適材適所」は、あることに適した人材を適切な場所で使うこと。

7 語句の知識

本冊 P34・35

解答

1 エ
2 イ
3 (1) イ　(2) ウ
4 ア
5 イ
6 ア
7 実
8 ア
9 a イ　b ウ
10 頭
11 エ
12 ウ

解説

1 「棚に上げる」は、自分に都合の悪いことに触れない様子を表す慣用句。
2 **ウ**を選ばないように注意する。「気が置けない」は、遠慮をする必要がないという意味。
3 (1) 「立つ鳥あとを濁さず」は、それまで自分がいたところを離れるときは、きれいに整えてからがよいという意味。
(2) 「藪《やぶ》をつついて蛇を出す」と混同して、**イ**を選ばないように注意する。
4 「固唾《かたず》」は、緊張して口のなかにたまったつばのこと。
5 恐怖から体を小さく丸めるようにすること。**ア**のような「みすぼらしくする」という意味はない。
6 Aさんの発言の「わくわくした心情」が、**ア**「胸が躍る」と対応している。
7 「努力が実を結ぶ」などの言い方をする。
8 **ア**「石の上にも三年」は、逆境にあっても我慢して耐えていれば、いつか報われるときがくるという意味。
9 a **イ**「昔とった杵柄《きねづか》」は、昔習得した技術に、今も自信があること。
b **ウ**「いたちごっこ」は、同じことを繰り返してばかりで、らちが明かないこと。
10 「頭ごなしに怒られた」などの言い方をする。
11 杞の国の人が、天が落ちてこないかと心配したという故事から、心配する必要のないことを、あれこれ心配するという意味で使われる。
12 大野さんが「最後のシーンがなければ……よかった」と言っているので、**ウ**「蛇足」が適切。「すごくおもしろかった」から**ア**を選ばないように注意する。

8 文・文節

本冊 P38・39

解答

1 エ
2 五
3 7
4 イ
5 八
6 ウ
7 練る
8 イ
9 エ
10 イ
11 ウ
12 エ
13 エ
14 向かっていたから
15 ウ
16 クレーターが
17 イメージが
18 (1) (例) なることだ
(2) (例) 暮らしても

解説

1 「休日に／図書館で／本を／借りる。」なので四文節。**ア**は「虫の／音に／秋の／気配を／感じる。」、**イ**は「こまやかな／配慮に／感謝する。」、ウは「あの／山の／向こうに／海が／ある。」、エは「風が／入るように／窓を／開ける。」。

2 「水平線には／伊豆半島の／明かりが／見えて／いる。」と分けられるので、五文節。

3 「予定よりも／ずっと／早い／列車で／帰る／ことに／なる。」と分けられるので、七文節。

4 「龍之介は／赤く／なって／信司の／口を／押さえた」と分けられるので、六文節。

5 「この／土地が、／今日から／家族の／新しく／住む／土地に／なる。」と分けられるので、八文節。

6 エは単語に分けたものである。

7 「ひたすら」は、親父が生地を練る様子を詳しくしている。

8 それぞれにつなげて読んでみて、自然に意味が通るものを選ぶ。

9 「かかる」は、意味がつながるという意味。

10 「まったく〜ない」という形になる。ここでは「見せずに」が「〜ない」にあたる。

11 修飾・被修飾の関係であるものを選ぶ。アは並立の関係、イは補助の関係、エは主語・述語の関係である。

12 「なじみ深くて身近」と入れ替えても意味が変わらないので、並立の関係。

13 「話している」「飛んでいく」など、「て」や「で」でつながる形は、補助の関係。

14 二文節で抜き出す点に注意する。「わたしの関心は」と「向かっていたから」が主語・述語の関係である。

15 ア・エは修飾・被修飾の関係、イは並立の関係である。

16 何が「見せていた」のかを考える。

17 述語が「咲くのです」だからといって「花」を抜き出さないように注意する。

18 (1) 「夢は……だ（である）」という形に直す。
(2) 「たとえ〜ても」という形に直す。「なら」は「もし〜なら」という形になる。

9 単語

本冊 P42・43

解答

1 3
2 結構・起き・い
3 4
4 必死に／唇／を／噛ん／で／我慢し／た
5 エ
6 7
7 ア
8 ウ
9 イ
10 ア・イ・エ
11 イ
12 ウ
13 ア
14 イ
15 ア
16 (1) ア (2) イ
17 ① ウ ② イ Ⅱ群 ケ
18 イ

解説

1 文節で分けると「他の／誰かなのかは／知らないが」となるので、それぞれの文節の初めにある「他」「誰」「知ら」が自立語である。

2 文節で分けると「結構／起きて／います」となるので、それぞれの文節の初めにある「結構」「起き」「い」が自立語。

3 「恐れない／者の／前に／道は／開ける」。「開ける」が一単語である点に注意する。

4 「我慢し」はサ変動詞なので一単語である。

5 「メガネ／を／かけ／て／帰っ／て／くる」と分けられる。

6 「世界／は／さらに／広がっ／て／いき／ます」と分けられる。「さらに」は副詞。

7 「匂い」はこの文中の主語である。したがって名詞。

8 「た」は過去であることを表す助動詞。

9 「ますます／増え／て／い／ます」と分けられる。「い」は「いる」を活用させたもの。

10 「もちろん／断ら／れる／だろ／う」と分けられる。「もちろん」は副詞、「断ら」は動詞、「れる」「だろ」「う」は助動詞。

11 「説明」に「する」が接続してできたサ行変格活

用の動詞「説明する」である。

12 「減らす」という用言にかかり、活用がないので副詞。

13 「丁寧に」は、言い切りの形が「丁寧だ」である形容動詞。**ア**は形容動詞、**イ**は名詞、**ウ**は動詞、**エ**は形容詞。

14 **イ**「そんな」は体言「こと」にかかり、活用がないので連体詞。**ア・ウ・エ**は主に用言にかかる副詞。

15 **ア**は形容詞「美しい」が名詞化したもの。

16 (1)「晴れ」は言い切りの形が「晴れる」となるので動詞である。

(2) 文節の頭にあるので自立語。また、言い切りの形が「い」なので形容詞。

17 ①「支えがある」と主語になることができるので、名詞。

② 「ある」は体言「時点」にかかり、活用がないので連体詞。

Ⅱ群 名詞の「支え」、連体詞の「ある」を用いているものを選ぶ。

18 「いつも」は活用がなく、用言などを修飾するので「副詞」。**ア**「おかしな」は連体詞、**イ**「ざっと」は副詞、**ウ**「つまらなく」は形容詞、**エ**「にぎやかに」は形容動詞。

10 活用のある自立語①

本冊 P46・47

解答

1 **イ**
2 **イ**
3 **ウ**
4 **ア**
5 下一段活用
6 **ウ**
7 **ア**
8 **イ**
9 **ウ**
10 **イ**
11 **イ**
12 **ア**
13 下一段活用
14 (1) **ア** (2) **イ**
15 **エ**
16 **エ**
17 連用形

解説

1 **ア**「確認し」はサ行変格活用の動詞「確認する」の連用形。**イ**「言え」はワ行五段活用の動詞「言う」の仮定形。**ウ**「使い」はワ行五段活用の動詞「使う」の連用形。**エ**「ぶつけ」はカ行下一段活用の動詞「ぶつける」の連用形。**オ**「なり」はラ行五段活用の動詞「なる」の連用形。

2 「はずし」はサ行五段活用の動詞「はずす」の連用形。

3 「合わせる」は、サ行下一段活用の動詞。

4 他動詞は主語とは別のものの動作などを表し、「～を」という言葉を必要とする。

5 「続ける」はカ行下一段活用の動詞。

6 「指し」は「指さない」とア段の音になるので五段活用の動詞。言い切りの形は、**ア**は「する」でサ行変格活用の動詞。**イ**「まねる」はナ行下一段活用、**ウ**「笑う」はワ行五段活用の動詞で、「笑っ」は促音便の形。**エ**「信じる」はザ行上一段活用の動詞。

7 「起きる」と**ア**は、「起きない」「閉じない」となるので上一段活用。**イ**「帰る」はラ行五段活用、**ウ**「眺める」はマ行下一段活用、**エ**「来る」はカ行変格活用である。

8 **イ**は「超えない」となるので下一段活用。他は全て五段活用の動詞。

9 「読み」は丁寧の助動詞「ます」に接続しているので、連用形。同じく**ウ**も過去の助動詞「た」に接続しているので連用形。**ア**は連体形、**イ**は終止形、**エ**は仮定形。

10 「動か」は言い切りの形は「動く」で、ここでは打ち消しの助動詞「ない」に接続するので未然形。**イ**も「う」に接続しているので未然形。**ア**は連用形、**ウ**は仮定形、**エ**は終止形である。

11 言い切りの形は「生きる」で「生きない」とな

るので上一段活用。**イ**「浴びる」も上一段活用である。**ア**「話す」はサ行五段活用、**ウ**「受ける」はカ行下一段活用、**エ**「する」はサ行変格活用の動詞。

12 「煮る」と**ア**は上一段活用。**イ**「笑う」はワ行五段活用、**ウ**「食べる」はバ行下一段活用、**エ**「努力する」はサ行変格活用の動詞。

13 「ない」をつけると「逃げない」とエ段の音になるので下一段活用の動詞。

14 (1)「ない」をつけると「言わない」とア段の音になるので五段活用の動詞。

(2)「言い」はあとに丁寧の助動詞の「ます」が続く形なので連用形。

15 「注目する」は動詞「する」と同様、サ行変格活用の動詞。

16 「見る」と**エ**は、「見ない」「起きない」となるので上一段活用の動詞。**イ**は下一段活用、**ウ**はカ行変格活用の動詞。

17 「来」はカ行変格活用の動詞で、丁寧の助動詞「ます」に接続しているので連用形。

11 活用のある自立語②

本冊 P50・51

解答

1 **エ**

2 **エ**

3 **イ**

4 **イ**

5 **ウ**

6 **ウ**

7 品詞名・形容動詞　活用形・**エ**

8 **イ**

9 **イ**

10 かろ

11 形容詞

12 **ア**

13 **エ**

14 (1) **エ**　(2) **エ**　(3) **ア**　(4) **エ**　(5) **ウ**

15 (1) で　(2) だろ

16 (1) かっ　(2) く

17 (1) 形容詞・**イ**　(2) 形容動詞・**イ**

解説

1 **ア**は「必要だ」、**イ**は「さまざまだ」、**ウ**は「代表的だ」と言い切りの形が「だ」で終わるので形容動詞。**エ**は活用せず連体修飾語になるので連体詞である。

2 「細かく」は形容詞「細かい」の連用形。同じく**エ**も形容詞で連体形。**ア**は動詞「流れる」の連体形、**イ**は形容動詞「静かだ」の連体形、**ウ**は副詞。

3 言い切りの形に直すと「かすかだ」となるので形容動詞。

4 「好きな」は「好きだ」、**ア**は「立派だ」、**ウ**は「はるかだ」、**エ**は「大切だ」と言い切りの形が「だ」で終わるので形容動詞。**イ**は活用せず、連体修飾語になるので連体詞。

5 「幼い」と**ウ**は言い切りの形が「い」で終わる形容詞。**ア**と**エ**は動詞。**イ**は自立語であるが活用しない副詞である。

6 「激しく」は自立語で活用があり、言い切りは「激しい」となるので形容詞。

7 「大切な」は言い切りの形が「大切だ」と「だ」で終わるので形容動詞。あとに体言（名詞）が接続するので、連体形。

8 「安全に」は言い切りの形が「安全だ」で終わるので形容動詞。**イ**も同じく形容動詞「変だ」。**ア**は形容詞、**ウ**は副詞、**エ**は自立語で活用せず、連体修飾語になるので連体詞。

9 「確かに」は言い切りの形が「確かだ」で形容動詞。**イ**も同じく形容動詞「静かだ」。**ア**は連体詞、**ウ・エ**は自立語で活用がなく、連用修飾語になる副詞。

10 形容詞「よい」は「よかろ（う）／よかっ（た）・よく（ない）／よい／よい（とき）／よけれ（ば）」と活用する。よって、未然形「よかろ」となる。

11 言い切りの形が「い」で終わるので形容詞。

12 「簡単に」は言い切りの形が「簡単だ」で形容動詞。**ア**も「自然に」などと活用する形容動詞「自然だ」。**イ**～**エ**はすべて形容詞である。

13 「つまらなく」は言い切りの形が「つまらない」

で形容詞。**エ**も言い切りの形が「勇ましい」なので形容詞。**ア・イ・ウ**はすべて形容動詞である。

14
(1) 言い切りの形が「丈夫だ」で終わるので形容動詞。
(2) 言い切りの形が「素敵です」で終わるので形容動詞。
(3) 「明るい」が名詞化した語。名詞は自立語で活用がなく、単独で主語になる。
(4) 言い切りの形が「スマートだ」で終わるので形容動詞。
(5) 言い切りの形が「うまい」で終わるので形容詞。

15
(1) 用言である動詞「ある」に接続するので、連用形「新鮮で」になる。
(2) 推量の助動詞「う」に接続するのは未然形「新鮮だろ」。

16
(1) 「た」に接続するのは連用形「春らしかっ」。
(2) 用言である動詞「なる」に接続するので、連用形「春らしく」。

17
(1) 言い切りの形が「忙しい」。「忙しく」は「ない・なる」に接続するので連用形。
(2) 言い切りの形が「ほのかだ」。「ほのかに」は用言である動詞「なる」などに接続するので連用形。

12 活用のない自立語

本冊 P54・55

解答

1 **エ**
2 **ウ**
3 副詞
4 **エ**
5 (1) **イ**　(2) **イ**
6 **ア**
7 **イ**
8 **イ**
9 **ウ**
10 **ウ**
11 **ウ**
12 **ウ**
13 **ウ**
14 **ウ**
15 **イ**
16 **イ**
17 **ウ**
18 **エ**

解説

1 どれも自立語で活用がない点は共通するが、**ア**～**ウ**は連体修飾語になる連体詞。**エ**は連用修飾語になるので副詞。

2 「すぐ」と**ウ**は自立語で活用がなく、連用修飾語になるので副詞。**ア**は形容動詞「静かだ」の連体形、**イ**は付属語で活用がない助詞、**エ**は形容詞「早い」の連体形。

3 自立語で活用がなく、連用修飾語になるので副詞。

4 **ア**～**ウ**はどれも自立語で活用がなく、連用修飾語になるので副詞。**エ**は言い切りの形が「ほのかだ」と「だ」で終わるので形容動詞。

5
(1) 自立語で活用がなく、連用修飾語になるので副詞。
(2) **ア・ウ・エ**は連用修飾語になるので副詞であるが、**イ**は連体修飾語になるので連体詞。

6 「もちろん」と**ア**の「ゆっくり」は自立語で活用せず、連用修飾語になる副詞。**イ**の「いかなる」は連体詞、**ウ**の「かわいい」は形容詞の連体形、**エ**の「きれいな」は形容動詞「きれいだ」の連体形。

7 「ある」は自立語で活用がなく、名詞（体言）を修飾しているので連体詞。同じく**イ**も連体詞。**ア**は副詞、**ウ**は形容詞「新しい」の連体形、**エ**は形容動詞「きれいだ」の連体形。

8 「とても」と**ア・ウ・エ**は連用修飾語になっているので副詞。**イ**は自立語で活用がなく、連体修飾語なので連体詞。

9 「あえて」は自立語で活用がなく、連用修飾語になるので副詞。

10 「とんだ」と**ウ**は自立語で活用がなく、連体修飾語になるので連体詞。**ア**は副詞、**イ**は動詞、**エ**

は形容詞。

11 「あらゆる」は自立語で活用せず、連体修飾語になるので、連体詞。

12 「働き」と**ウ**は転成名詞で、単独で主語になることができる。**ア**は副詞、**イ**は形容動詞「気さくだ」の連体形、**エ**は動詞「感じる」の未然形。

13 「ちらりと」は自立語で活用がなく、連用修飾語になるので副詞。

14 **ア・イ・エ**は自立語で活用がなく、連用修飾語になるので副詞。**ウ**は自立語で活用し、言い切りの形が「い」で終わるので形容詞。

15 「おのずと」と**イ**は、自立語で活用がなく、用言を修飾する副詞。**ア**、**ウ**～**オ**は連体詞。

16 「じっとりと」と**イ**は自立語で活用がなく、連用修飾語になるので副詞。**ア**は形容動詞、**ウ**は名詞、**エ**は形容詞。

17 **ア・イ・エ**は自立語で活用がなく、連用修飾語になる副詞。**ウ**は自立語で活用がなく、接続語になる接続詞。

18 「わたし」は名詞（代名詞）。**エ**も同じく名詞だが、形式名詞。**ア**は動詞、**イ**は形容詞、**ウ**は副詞である。

13 活用のある付属語①

本冊 P58・59

解答

1 **イ**
2 **イ**
3 **イ**
4 **ウ**
5 **ア・オ**
6 **ア**
7 **エ**
8 **ア**
9 **ウ**
10 **エ**
11 **ア**
12 **イ**

解説

1 例文と**イ**は「ぬ」に置き換えることができるので打ち消しの助動詞。**ア**は「遠くはない」と「は」を補うことができるので補助形容詞。**ウ**は形容詞「少ない」。**エ**は形容詞「ない」。

2 例文の「られる」と**イ**は可能の意味。**ア**は尊敬、**ウ**は自発、**エ**は受け身の意味。

3 「信じられない」と**イ**は「ぬ」に置き換えることができるので打ち消しの助動詞。**ア**は形容詞「限りない」。**ウ**は「正しくはない」と「は」を補うことができるので補助形容詞。**エ**は形容詞「あどけない」。

4 「見えない」と**ウ**は「ぬ」に置き換えることができるので打ち消しの助動詞。**ア**は形容詞「切ない」。**イ**は「寒くはない」と「は」を補うことができるので、補助形容詞。**エ**は形容詞「ない」。

5 **ア**と**オ**は受け身の助動詞「れる」。**イ**は動詞「満ちあふれる」の連体形。**ウ**は自発の意味の助動詞「れる」。**エ**は動詞「流れる」。

6 例文と**ア**は自発の意味。**イ**は受け身、**ウ**は可能、**エ**は尊敬である。

7 例文と**エ**はすでに動作が済んだことを表す過去の意味。**ア**はその状態が続いていることを表す存続。**イ**は、思い出したり、確かめたりすることを表す確認。**ウ**はちょうど動作が終わったことを表す完了。

8 例文は形容詞「あどけない」の一部。**ア**も形容詞「もったいない」の一部。**イ**は「勉強をさせぬ」と「ぬ」に置き換えられるので、打ち消しの助動詞。**ウ**は形容詞「ない」、**エ**は「少なくはない」と「は」を補うことができるので補助形容詞。

9 例文と**ウ**は受け身の意味。**ア**は可能、**イ**は尊敬、**エ**は自発の意味である。

10 例文と**エ**は可能の意味。**ア**は自発、**イ**は受け身、**ウ**は尊敬の意味である。

11 例文と**イ**～**エ**は話し手（書き手）の希望を表す助動詞「たい」。**ア**は形容詞「冷たい」。

12 「はかない」と**イ**は形容詞の一部である。**ア**は「わからぬ」、**ウ**は「すぎぬ」と「ぬ」に置き換えることができるので助動詞。**エ**は「よくはない」と「は」を補うことができるので、補助形容詞。

14 活用のある付属語②

本冊 P62・63

解答

1 ア
2 (1) る　(2) り
3 エ
4 ア
5 イ
6 ウ
7 ア
8 イ
9 イ・エ
10 ア
11 (1) める　(2) め

解説

1 例文と**ア**は動詞の連用形に接続しており、推定・様態の助動詞。**イ**〜**エ**は終止形に接続しており、伝聞の助動詞。

2 (1) 伝聞を表す「そうです」は、活用語の終止形に接続するので、動詞「終わる」の終止形が入る。
(2) 推定・様態を表す「そうです」は、動詞の連用形に接続するので、動詞「終わる」の連用形「終わり」が入る。

3 例文と**エ**は、推定の助動詞「らしい」。**ア**は、言い切りの形が「い」で終わり、「秋らしい」という一つの形容詞。**イ**は形容詞「わざとらしい」、**ウ**も形容詞「かわいらしい」。

4 すべて助動詞「よう」だが意味・用法が異なる。例文と**ア**は推量、**イ**・**エ**は意志、**ウ**は勧誘。

5 すべて助動詞「そうだ」。例文は動詞の終止形、**イ**は形容詞の終止形に接続しているので、どちらも伝聞。**ア**・**エ**は動詞の連用形、**ウ**は形容詞の語幹なので、推定・様態。

6 例文と**ウ**は、根拠をもとに推し量ることを表す推定の助動詞。**ア**・**イ**・**エ**は「まるで」という言葉を含むか、補うことができるので、比喩を表す助動詞。

7 例文と**ア**は、断定を表す助動詞「だ」。**イ**は伝聞を表す助動詞「そうだ」、**ウ**と**エ**は過去を表す助動詞「た」が濁音化した形。

8 例文と**イ**は、打ち消し（否定）の意志を表す助動詞。**ア**・**ウ**・**エ**は打ち消し（否定）の推量を表す助動詞。

9 **イ**・**エ**は活用語の終止形に接続しているので伝聞の助動詞。**ア**・**ウ**・**オ**は形容詞・形容動詞の語幹に接続しているので、推定・様態の助動詞。

10 例文と**ア**は推定の助動詞「らしい」。**イ**〜**エ**はすべて形容詞の一部。

11 (1) 伝聞を表す「そうです」は活用語の終止形に接続するので、動詞「集める」の終止形。
(2) 推定・様態を表す「そうだ」は動詞の連用形に接続するので、動詞「集める」の連用形「集め」。

15 活用のない付属語

本冊 P66・67

解答

1 4
2 は・まで・から
3 硬貨を
4 ウ
5 ウ
6 エ
7 ア
8 エ
9 ウ
10 ウ・オ
11 ウ
12 イ
13 エ

解説

1 「陽《ひ》がかげると不思議がってきき耳をたて」を単語に区切ると、「陽／が／かげる／と／不思議がっ／て／きき耳／を／たて」となり、その中の「が」「と」「て」「を」の4つが助詞。「たて」は動詞「たてる」の連用形なので、「た／て」と区切らないようにする。

2 「私たちは死ぬまで飲食から逃れられない」を単語に区切ると、「私たち／は／死ぬ／まで／飲食／から／逃れ／られ／ない」となり、その中の

「は」「まで」「から」の三つが助詞。

3 「硬貨は」の部分を「硬貨を」と直す。

4 接続助詞の識別の問題。「居ながらにして」とは、「座ったままの状態で」という意味であるので、——線部は**ウ**と同様に、同時に起こることを示す。**ア**は動詞「生きながらえる」の一部、**イ**と**エ**は「にもかかわらず」という意味で用いられる、確定の逆接を示す。

5 格助詞「と」の識別の問題。——線部と**ウ**は引用を示す。**ア**は並列、**イ**は対象、**エ**は共同の相手を示す。

6 格助詞「の」の識別の問題。——線部と**エ**は体言の代用となる。**ア**は主語、**イ**は連体修飾語を示す。**ウ**は終助詞。

7 例文と**ア**は接続助詞。**イ**は形容動詞「立派だ」の連用形の活用語尾、**ウ**と**エ**は格助詞。

8 例文と**エ**は対象を示す格助詞。**ア**は並立の関係を示す接続助詞、**イ**は逆接の接続助詞、**ウ**は連体詞「我が」の一部。

9 副助詞「ばかり」の識別の問題。——線部と**ウ**は限定を示す。**ア**はそうなる寸前の状態を、**イ**は程度を、**エ**は完了して間もないことを示す。

10 「椅子も」の「も」と**ウ**・**オ**は助詞。**ア**は名詞、**イ**は動詞「困る」の連用形、**エ**は形容詞「優しい」の連用形、**カ**は動詞「かける」に過去の意味を表す助動詞「た」が接続している。

11 **ウ**は単純な接続を示す接続助詞。それ以外は補助の関係を示す接続助詞。

12 **イ**は一例を挙げることで他を類推させる意味を示す副助詞。それ以外はおおよその事柄を示す副助詞。

13 ——線部と**エ**は終点を示す副助詞。**ア**と**イ**は一例を挙げることで他を類推させる意味を示す副助詞。**ウ**は程度を示す副助詞。

16 まぎらわしい語の識別

本冊 P70・71

解答

1 **ウ**
2 **イ**
3 **ア**
4 **エ**
5 **イ**
6 **イ**
7 **イ**
8 **イ**
9 (1) **イ** (2) **エ**
10 (1) **イ** (2) **イ**
11 **エ**
12 **エ**

解説

1 ——線部は副詞「つねに」の一部、**ウ**も同じく副詞「さらに」の一部。**ア**は形容動詞「きれいだ」の連用形の活用語尾、**イ**と**エ**は助詞。

2 「確かに」と**イ**はそれぞれ、形容動詞「確かだ」の連用形と、「静かだ」の連体形。**ア**は連体詞、**ウ**と**エ**は副詞。

3 ——線部と**ア**は打ち消しの助動詞「ない」、**イ**と**エ**は形容詞「ない」、**ウ**は形容詞「もったいない」の一部。

4 「なけれ」は動詞「いく」の未然形に、「ない」は動詞「なる」の未然形にそれぞれ続いているので、いずれも助動詞「ない」であることがわかる。

5 「かすかに」は形容動詞「かすかだ」の連用形。語尾の部分が活用している。

6 「好きな」と**イ**以外は形容動詞の連体形。**イ**は連体詞。

7 ===線部と**イ**は断定の助動詞。**ア**と**エ**は過去の助動詞、**ウ**は形容動詞「静かだ」の終止形。

8 **イ**は連体詞。その他は語尾を活用させることができるので、動詞。

9 (1) ——線部と**イ**は連体詞。**ア**は副詞、**ウ**は形容詞「新しい」の連体形、**エ**は形容動詞「きれいだ」の連体形。
(2) ——線部の「ない」は助動詞「られる」の未然形に付き、「ぬ」に置き換えることができるので、打ち消しの助動詞。

10 (1) 「しばらく」は連用修飾語となるので、副詞。
(2) **イ**は連体修飾語となるので、連体詞。

11 「その」と**エ**は連体修飾語となるので、連体詞。**ア**は連用修飾語になるので副詞、**イ**と**ウ**は名詞。

12 エは形容動詞「ほのかだ」の連体形。その他は連用修飾語となるので、副詞。

17 敬語

本冊 P74・75

解答

1 A イ　B ウ
2 ア・エ
3 ウ
4 (1) ウ　(2) ア　(3) ア　(4) イ　(5) イ　(6) ア
5 オ
6 (例)お待ちください
7 エ
8 ウ
9 ア
10 (例)うかがいますのでご覧になって

解説

1 A「いただく」は「もらう」の謙譲語で、相手に対してへりくだる表現である。
B「思います」は「思う」の丁寧表現。「〜です」「〜ます」「〜ございます」は丁寧語。

2 イ「ください」は尊敬の補助動詞。ウ「いただく」は謙譲語。

3 ア「拝見する」は「見る」の謙譲語。相手に見るように促しているので、ここでは尊敬語「御覧になる」を使う。イ「申す」は「言う」の謙譲語。主語は「あなた」なので、ここでは尊敬語「おっしゃる」を使う。ウ「まいる」は「行く」の謙譲語。主語は「私」なので、謙譲語を使う。エ「召し上がる」は「食べる」の尊敬語。主語は身内である「兄」なので、ここでは謙譲語「いただく」を使う。

4 (1)「ございます」は「ある」の丁寧語。
(2)「お〜になる」は尊敬語。
(3)「おっしゃる」は「言う」の尊敬語。
(4)「存じ上げる」「存じる」は「知る」の謙譲語。
(5)「参る」は「行く」の謙譲語。「行く」の謙譲語には「うかがう」もある。
(6)「なさる」は「する」の尊敬語。

5 オ「申しあげる」は「言う」の謙譲語。言ったのは園長先生なので、尊敬語「おっしゃる」を使う。ア「伺う」は「行く」、エ「拝見する」は「見る」の謙譲語。イ「くださる」は「くれる」、ウ「いらっしゃる」は「いる」の尊敬語。

6 「お待ちになってください」でもよい。「お待ちしてください」は誤り。

7 「お目にかかる」は「会う」の謙譲語。主語である A が B に「敬意を表している」ので、正解はエ。

8 お茶かコーヒーかを選ぶのは「お客様」なので、動作主は「お客様」。「いたす」は「する」の謙譲語。杉本さんは「動作主をお客様と考えると謙譲語を使うのは……」と発言している。また、「なさる」は「する」の尊敬語なので、森田さんは「なさる」という「尊敬語を使う方がよい」と発言している。

9 動作主である「先生」に対する尊敬表現を用いる。「ご（お）〜する」は謙譲表現。よって、ア「ご利用する」が誤り。

10 「行く」と「見る」を敬語表現に直す。「行く」のは「私たち」なので「うかがう」や「参る」などの謙譲語に、「見る」のは相手である「公民館の職員」なので「ご覧になる」という尊敬語に直せばよい。

18 韻文① 詩

本冊 P78・79

解答

1 (1) 円い小さなきれいなもの　(2) ア　(3) イ　(4) イ
2 (1) エ　(2) a 門の扉を蹴る　b ア　(3) ウ

解説

1 (1) この詩では十行目、終わりから二行目で「三階の窓から僕は眺める」という表現が繰り返されている。十行目と十一行目には倒置法が用いられている。十一行目は「ひっそりと動いてゆく沢山の円い小さなきれいなものを」とあるので、「三階の窓から僕はひっそりと動いてゆく沢山の円い小さなきれいなものを眺める」という意味になる。同様に、終わりの二行も倒置表現で、「三階の窓から僕はひっそりと動いてゆく円い小さなきれいなものを眺める」という意味である。よって、字数に合わせて「円い小さなきれいなもの」を書き抜けばよい。ちなみに、作者は「蝙蝠傘《こうもりがさ》をさして／濡れた街路を少女達が歩いている」様子を見ているので、「円い小さなきれいなもの」とは蝙蝠傘をさした少女達を指す。

(2) 空欄前後は「少女達の……日常を想像させます」とあるので、「僕」が「少女達」の「日常」を「想像」した部分を探す。すると、十二行目から「そのひとつの下で／あなたは……ている」という形を三度繰り返し、少女達の心の内を「想像」している。具体的には「別れてきたひとのこと」「せんのない買物の勘定」「来年のこと」などであり、空欄の前の「ひっそりと動いてゆく」という表現からは、ささやかだが明るさのある、少女達一人一人の毎日が穏やかに過ぎていく様子を連想させる。

(3) 空欄の前に「『僕』の想像から」とあるので、作者が少女達をどのような「まなざし」で見ているかをつかむ。少女達への思いが読み取れる部分を探すと、三〜五行目に「少女よ／どんなに雨が降ろうとも／あなたの黒い睫毛《まつげ》が明るく乾いていますように」とあり、少女達が涙を流すことがないよう幸せを祈る表現がある。少女達を可憐《かれん》でけがれのないものというイメージで「円い小さなきれいなもの」と表現していることからも作者のあたたかく優しい目線が読み取れる。

(4) この詩では作者である「僕」自身の人生や世界については描かれていないので、**ア**は誤り。**イ**は、少女達をそれぞれ「あなた」と呼び、そのかけがえのない人生を尊重している様子がわかるので、適切である。少女達のつつましくも穏やかな日常を描いているので、**ウ**の「人間関係の複雑さや社会の生きづらさ」は誤り。また、**エ**はこの詩では「悲しみ」は読み取れないので、誤り。

2

(1) 第三連、第四連では、「……聞こえる／……のが」、「……見える／……のが」という倒置表現を用いた似た文の形が用いられている。また第三連では「私」に「聞こえる」ものが、第四連では「見える」ものが描かれている。よって、第三連では、「馬」が「門の扉を蹴る」音に加えて「高く嘶《いなな》く」声も聞こえるという内容だとわかるので、前の行と同じ、「が」を入れる。

(2) a　第三連で「馬」の「高く嘶く」声の他に、「聴覚的に描かれて」いるものを探すと、第三連の二行目「門の扉を蹴る」音が見つかる。

b　「暗い時間帯」なのに「馬」が「眼《め》には見える」という表現について、昭雄《あきお》さんは「暗闇の中に浮かび上がっている」様子を読み手にイメージさせると言っている。また、「太陽のように金《きん》色の翼をはやしている」とあり、「馬」が「暗闇」で「太陽」のように光り輝いている様子を描くことで、より幻想的かつ美しく、存在感のあるものとして描かれていることが読み取れる。

(3) 「未明の馬」が、「私」を「出発」させようと朝に迎えに来ていること、「私」も「いそいで」出かけようとしていること、馬が「太陽のように金色の翼をはやし」た、光り輝く神々《こうごう》しい存在として描かれていることから、馬は「私」を待ち受ける輝かしい未来の象徴であり、作者が期待し、張り切って進もうとするすばらしい未来へのスタートの場面を連想させる詩といえる。

19 韻文② 短歌・俳句

本冊 P82・83

解答

1 (1) **エ**　(2) **ア**　(3) **ア**
(4) **ウ**　(5) **イ**

2 (1) **エ**　(2) **イ**　(3) **ア**

3 (1) **イ**

4 (1) (例) 桜の花の香りがすること。

解説

1 (1) 「スケートの……」の句は、冬のスポーツが話題なので冬の句。よって、「みぞれ」という冬の季語のある**エ**が適切。**ア**は「雲雀《ひばり》」が春の季語、**イ**は「名月」が秋の季語、**ウ**は「遠花火」が夏の季語であることから、それぞれ季節がわかる。

(2) 「逸《はや》る」は、「何かをしたい気持ちから勇み立つ」などの意味。ここでは早くスケートをしたいと張り切る気持ち。これに合うのは、「期待や興奮などでうきうきすること」を表す**ア**「胸が躍る」。**イ**「肝を冷やす」は「驚き恐れ、ぞっとすること」、**ウ**「舌を巻く」は「恐れたり感嘆したりして言葉が出ないさま」、**エ**「目が泳ぐ」は「不意をつかれ、視点が定まらないさま」という意味である。

(3) 「想像」は「像を想《おも》う」という意味で、下の漢字が上の漢字の目的語の関係にある熟語。これと同じものは**ア**「群を抜く」。**イ**は「海の底」という意味なので、上の漢字が下の漢字を修飾する関係にある熟語。**ウ**「削除」は似た意味の漢字の組み合わせからなる熟語。**エ**は上の漢字が下の漢字の意味を否定する関係にある熟語。

(4) 「幼い」は自立語で活用し、物事の様子を表す形容詞。これと同じものは**ウ**で、形容詞「おもしろい」の連用形。**ア**と**エ**は動詞、**イ**は自立語で活用がなく、用言を修飾する副詞。

(5) 空欄④の直前で、「AさんとCさんが言うように」とあるので、二人の意見を押さえる。Aさんは「俳句の十七音から色々なことが想像できる」、Cさんは「読む人によって様々な捉え方ができるのも俳句のよさ」と言っている。どちらも、読み手が自由に想像力を働かせて豊かなイメージを広げられる、俳句ならではの余白の大きさを「よさ」と捉えていることがわかる。

2 (1) この句で「大寺を包」んで「わめ」いているのは「木《こ》の芽」なので、人間ではないものを人間になぞらえて表現する「擬人法」。

(2) ——線①の「教えてもら」うという動作の主体はBさんであるが、ここでは「先生」への敬意を表す必要があるので、自分がへりくだり、相手への敬意を表す謙譲語を用いる。よって、「もらう」の謙譲語「いただく」に変えればよい。

(3) 空欄②は直前に「芽を」とあり他動詞が入るので、五段活用動詞「出す」を活用させればよい。完了の助動詞「た」に接続するので、連用形「出し」が入る。空欄③は主語が「木々の芽が」で自動詞が入るので、下一段活用動詞「出る」を活用させればよい。完了の助動詞「た」に接続するので、連用形「出」が入る。

3 (1) 「轟《とどろ》く」とは、大きな音が響くことである。この短歌では、夕焼けの様子を「轟くごとき」と表し、聴覚的に表現している。

4 (1) 「こずゑ」に吹いたのは、あとに「風のしるし」とあるので「風」。よって、「木の梢」を見ても風が吹いているかどうかわからないということ。「かほる」は「よい香りがする」という意味であり、木の梢が風に揺れているように見えないが、「桜の花の香りがすることこそが風が吹いている証拠なのだなあ」という意味になる。

20 古文

本冊 P86・87

解答

1 (1) (例) 野をまもる者に、鷹を探す　(2) **エ**

(3) こずえにいたる　(4) **ウ**　(5) **ウ**

2 (1) おわし　(2) **イ**　(3) ことわり

(4) **ウ**　(5) **ウ**

解説

1 (1) 直前部分に「御鷹うせにたり」とあることに着目すると、いなくなってしまった鷹を探すように命じたのだと考えられる。

(2) 本文は、天智《てんじ》天皇と野守《のもり》のおきなの会話で成り立っている。傍線部の前の部分で天智天皇が「なんぢ」と呼びかけていることから、「ほかを見る事」がなかったのは「なんぢ＝野をまもる者（野守のおきな）」であることがわかる。

(3) 現代仮名遣いではワ行の「ゐ・ゑ・を」は「い・え・お」と直すことから、「ゑ→え」、「ゐ→い」とそれぞれ直す。

(4) ④の直前に「とぞいひつたへ」とあり、文中に係り結びを起こす助詞「ぞ」が用いられている。「ぞ」は文末が「連体形」になるので、「たり」の連体形である「たる」があてはまる。

(5) 野守のおきなの言葉に着目する。民は君主である天皇に顔を見せることはできないので、顔を上げて直接見る代わりに「しばのうへにたまれる水を、かがみとして」、それを通して見ることで、鷹の居所を知ったのだと答えている。

【現代語訳】

昔、天智天皇とおっしゃる天皇が、野に出て鷹をつかった狩りをなさったところ、（その天皇の）鷹が、風に流れていなくなってしまった。昔は、野を守る者がいたのだが、（天皇はその者を）お呼びになり、「鷹がいなくなった、探してくるように。」とおっしゃったので、（その者は）かしこまり、「鷹は、あの岡の松の上の枝に、南を向いて、止まっております。」と申し上げたところ、（天皇は）とてもおどろかれた。「そもそもお前は、地面に向かって、頭を地面につけて、ほかを見ることがなかった。どのようにして、こずえにいた鷹の居所を知ったのだ。」とお聞きになると、野守のおきなは「民は、君主に顔を見せることはありません。芝の上にたまった水を、鏡として、白髪を悟り、顔のしわをも数えるものなので、その鏡をうかがい見て、鷹が木の枝に止まっていることを知ったのです。」と申し上げたので、そののち、野の中にたまっている水を野守の鏡と言うようになった、と伝えられている。

2

(1) 現代仮名遣いでは語頭と助詞以外のハ行は「わ・い・う・え・お」に直すことから、「は→わ」と直す。

(2) 直前の「この頃京わらんべの謡《うたひ》に……とうたふよし」という部分が、語った内容である。さらにその前に、「京の人来りて」とあることから、語ったのは「京の人」であることがわかる。

(3) 直後の中納言の言葉に着目する。「それ（京わらんべの謡）は……ことわりある謡なり」と述べている。「ことわり」とは、「道理」を表す。

(4) 前の部分で筆者は、「学問は……道なれば、その本業を失ふは学問にはあらず」と述べていることに着目する。学問は世の中を平和に治めるためのものなので、その学問を修めることが本来の職務を見失うことにつながるはずはない、というのが筆者の考えである。

(5) 中納言は茶道・香道・猿楽と学問を同列にとらえ、「本業を喪《うしな》はぬほどになすべき事」であると考えているのに対し、筆者は、茶道・香道・猿楽についてはその通りであるが、学問は「本業を失ふ」ものではないと考えている点で、両者は異なっている。

【現代語訳】

小早川中納言殿が、三原の館にいらっしゃった時に、京の人が来て、この頃京の町の若者の謡に、「なんと趣深い春雨《はるさめ》だことよ。花が散らない程度に降ってくれ」と歌うということを語ったところ、中納言殿は感心なさり、「それはすべての物事に渡って道理にかなった謡であることだ。どれほど趣の深いものでも、程よい程度ということがあり、茶道や香道が趣深くても、猿楽が趣深くても、学問が趣深くても、本来の職務を見失わない程度にするべきである」とおっしゃったということだ。確かに、茶道や香道や猿楽のようなものはその通りではあるが、学問をすることで本来の職務を見失うことになるとおっしゃったのは、（私とは）考えが異なる。学問は自身の行いを正して家のことを整え、国や天下を平和に治めるための道なので、その本来の職務を見失うようなことは学問にはない。自身の行いを正して家を整えたならば、どうして本業を失うことがあるものか、そのようなことはない。

21 漢文

本冊 P90・91

解答

1 (1) 虎 (2) 観ル者無レシ不《ざ》ルハ二辟易顛仆一セ。
(3) a **ア** b **ウ** (4) **イ**

2 (1) 有レリ適レクモノ呉ニ (2) **イ** (3) **ア**

3 (1) **ウ** (2) 不レ及バ汪倫送レルノ我ヲ情ニ
(3) A (例) 岸のほとり・B (例) 水の深さに勝る

解説

1 (1) 書き下し文と対応させて考える。百姓が見るのを許されたのは、爪牙《そうが》を断たれた「虎」である。

(2) 書き下し文の語順に従うと、「観→者→辟→易→顛→仆→不→無」という順になるので、「仆」から一・二点を用いて「不」に返り、さらにレ点を用いて「無」に返る。

(3) 書き下し文と対応させて考える。a百姓に虎を見るのを許したのは、「魏《ぎ》の明帝《めいてい》」である。b百姓と同様に宣武場《せんぶじょう》に行って虎を見たのは「王戎《わうじゅう》」である。

(4) 虎の吼《ほ》える声を聞いて他の人々がたじろいで倒れ伏してしまっても、王戎は「湛然《たんぜん》として動ぜず」に、「恐るる色無し」であったことから考える。

【現代語訳】

魏の明帝は、宣武場のあたりで、虎の爪と牙を断ち、多くの人民がこれ（虎）を見るのを許可した。王戎は七歳であったが、また行って（虎を）見た。虎はすきを見て檻《おり》によじ上って吼え、その声は地を震わせた。見る者はみなたじろいで倒れ伏した。戎はしずかに動じなかった。とうとう（虎を）恐れる様子はなかった。

2 (1) 書き下し文の語順に従うと、「呉《ご》→適→有」という順になるので、「呉」から「適」、さらに「有」へと、一字ずつレ点を用いて返る。

(2) 呉の国の人が用意したたけのこ料理に対して「是《こ》れ何物ぞ。」と問うているので、主語は料理を出された人物である「漢人《かんひと》」である。

(3) 【漢文】の漢人は、料理に使う食用の竹を、敷物に用いられる竹だととらえるという思い違いをしたにも関わらず、呉人が「我を欺く」と言っている。また、【資料】の宋人は、たまたま株に突き当たって死んだ兎《うさぎ》を得たことから、次からもこの方法で兎が得られるという思い違いをしたことで、笑い者となっている。このように、両者とも、自分のおかした思い違いに気づいていないということがわかる。【資料】は「守株《しゅしゅ》」という故事成語の元となった話である。

【現代語訳】

【漢文】漢の国の人で呉の国に行った者がいた。呉の国の人がたけのこ料理を用意したところ、（漢の国の人は）たずねて「これは何ですか」と聞いた。（呉の国の人が）答えて言うことには、「竹です。」と。（漢の国の人は）帰ってベッドに敷くための竹で編んだ敷物を煮たが柔らかくならず、妻に言うことには、「呉の国の人はうそつきだ。私を欺くのはこのようなことだ」と。

【資料】宋の国の人で畑を耕す者がいた。畑の中に木の切り株があり、兎が走ってきて株に突き当たり、頸《くび》を折って死んでしまった。そこで自分のすきを放り出して、切り株の番をし、再び兎を手に入れようと待ち望んだ。兎を二度とは手に入れることができず、彼自身は宋の国の笑い者となった。

3 (1) 一行の字数が七字、行数（句数）が四行（四句）であるので、「七言絶句」の詩である。

(2) 書き下し文の語順に従うと、「及→不→汪→倫→我→送→情」という順になるので、レ点を用いて「及」から「不」、「我」から「送」に返る。

(3) Aは第二句、Bは第三・四句とそれぞれ対応させて考える。「岸上《がんじゃう》（＝岸のほとり）」で汪倫《おうりん》が別れを惜しむ歌を歌う姿を見た李白《りはく》は、とても深いと言われている川である桃《とう》花潭《かたん》のその水の深さも、汪倫の友情の深さには「及ばず（＝友情の深さのほうが勝っている）」と感じている。

【現代語訳】

李白は舟に乗ってまさに今出発しようとしていた。

岸のほとりから足を踏み鳴らし、拍子をとって歌う声をふと聞いた。桃花潭の水深はとても深い（というけれど）、汪倫が私を見送る友情の深さには及ばない。

22 説明的文章① 文脈

本冊 P94・95

解答

(1) **ア**

(2) **イ**

(3) **エ**

(4) **ウ**

(5) 実際にもの

(6) (例)自分の感じたことが絶対だということを信じ込みすぎるあまり、単なる独断と偏見におちいってしまう危険性。(50字)

解説

(1) 「では」から始まる段落に、「柳宗悦《やなぎむねよし》が戒めているのは」とあることに着目する。筆者は、「見テ　知リソ　知リテ　ナ見ソ」という言葉から、「知識にがんじがらめにされてしまって自由で柔軟な感覚を失うな」「おのれの直感を信じて感動しよう」ということを読み取っている。

(2) ――線②の最後の「それが大切なのだ、と言っているのではないでしょうか」という部分から、――線②を含む一文は、本文の冒頭で引用した「見テ　知リソ　知リテ　ナ見ソ」という「柳宗悦」の言葉について、筆者が解釈して説明している文であることがわかる。そして、このあとで「実際にものを見たり接したり」するときの姿勢についての筆者の主張を述べていることから、――線②を含む文が、本文で筆者が述べたい内容を読者に提示する働きをしていることがわかる。よって、**イ**が適切である。**ア**は、「柳宗悦の言葉をそのまま引用する」が、**ウ**は、「筆者の言葉を抽象的な表現で言い換える」が、**エ**は、「柳宗悦の言葉を用いて」、「柳宗悦の主張への疑問を読者に投げかける」が、それぞれ――②の働きとして不適切である。

(3) 指示語が指している直前の内容に着目する。これから見ようとしている美術作品や作家についての「知識が頭の中にたくさんあればあるほど、一点の美術品をすなおに、自分の心のおもむくままに見ることが困難になってくる」とある。

(4) □の前では「そうできれば、私たちの得る感動というものは、……豊かなものになることはまちがいありません」、後では「これはなかなかできないこと」と、□の前後で反する内容を述べているので、逆接の接続語を補う。よって、**ウ**が適切である。

(5) 設問の「筆者の考える」、「ものごとに対するときの理想的な過程について述べた一文」という部分に着目する。「筆者の考える」という条件から、「柳宗悦」の考えについて述べられている部分は当てはまらない。また、「過程」とあることから、ものごとに対しての感じかたや見かたが進行していく理想的なプロセスが述べられている部分が解答になることをおさえる。以上のことを踏まえて本文を探すと、第三段落の5行目から始まる一文で、「実際にものを見たり接したりするときには、……できれば素晴らしいことです。」と、筆者が考える理想的な過程が述べられている。よって、「実際にもの」を抜き出す。

(6) ――線④「〈知〉の危険性」とは異なる危険性については、第五段落の三文目と四文目で、「自分が感じたことは絶対なの」だということに「安易によりかかってしまうと人間は単なる独断と偏見におちいってしまう」と述べられている。この部分を制限字数内でまとめる。また、「危険性を、……書きなさい」という設問から、解答の文末を「危険性。」とすることに注意する。

23 説明的文章② 構成

本冊 P98・99

解答

(1) 安心感

(2) (例)過疎化も高齢化もすすみ、グローバル化により経済活動がこわされている(という状況。)

(3) **イ**

(4) **エ**

(5) ① A 浅く一面的な
B 近代的な発想

② (例)記憶と理性のくい違いや、人は何に支えられて生きているかということを人に感じさせ、考えさせる場所がある

解説

(1) ――線①の箇所で述べられている「ここ(=村)には何も困ることのない世界がひろがっている」という内容は、第1段落で述べられている「村の暮らしには安心感がある」という内容と一致する。したがって、「安心感」が正解である。

(2) ――線②は、村での暮らしには「何も困ることのない世界がひろがっている」反面、厳しい現実もあることを指摘している。この点については第1段落で詳説されており、村では「過疎化も高齢化もすすんで」おり、「グローバル化していく市場経済」により「経済活動」がこわされていることが述べられている。このような村の負の現実を押さえ、指定の字数内にまとめる。

(3) ――線③「自然に考えさせてくれる」の「自然に」は、「村」という環境に身を置くと、ふだんは意識しないものを、感知しようと意図せずとも、おのずと意識できるようになるという意味合いで使われている。したがって、**イ**の「ひとりでに」が正解である。

(4) **ア**は、第3段落のはじめに「もうひとつ」とあることから、第2・3段落の両者は並立関係にある。したがって、第3段落は第2段落の内容をまとめていると述べているところが合っていない。**イ**は、第4段落の中には第3段落と関連する具体例は示されていないため、合っていない。**ウ**は、第4段落と第5段落は、村の長い歴史・結び合う命というテーマで関連するので、「疑問を解決」「新たな話題を提示」が合っていない。**エ**は、第6段落は、第5段落で述べられた「(記憶と理性のくい違い・村の長い時間・結び合う命と)深くかかわれる場所は、人間にとってはそれほど大きなものではない」という内容を受け、「大きな世界とかかわろうとすれば、浅くかかわるしか、あるいは一面的にかかわるしかな」いと関連事項を補足しているので、合っている。以上から、**エ**が正解である。

(5) ① A…第7段落で「大きな世界とかかわればかかわるほど、浅く一面的な関係になっていくことを、忘れてはいけない」と述べられている。ここを押さえて設問と対応させると「浅く一面的な」があてはまるとわかる。B…第8段落の内容を押さえる。「近代的な発想は、グローバルな発想や思想、システムに価値があり、ローカル性に基盤をおいたものを、あたかも古い時代のものであるかのごとく軽視した」と述べられている。この部分の記述と設問を対応させると「近代的な発想」があてはまるとわかる。

② 第4段落もしくは、第7段落に注目する。ローカルな世界のなかには、「記憶と理性のくい違い」や「人は何に支えられて生きているか」といったことを考え、感じさせる場所があると述べられているので、これらを指定の字数内にまとめる。

24 説明的文章③ 要旨

本冊 P102・103

解答

(1) B

(2) **イ**

(3) **ア**

(4) (例)(等質で蓄えられた)あらゆる時間の断片が、その前後との退屈な連続性のうちに没してしまう(から。)

(5) A 共鳴する瞬間
B これだ、という直観や感動や高まり

解説

(1) Bの「そんな」の品詞は連体詞で、他は副詞である。

(2) 「相互的」は、相手(向こう側)と自分(こちら側)の両方が、おたがいに影響を与え合うという意味なので、対義語は**イ**の「一方的」である。

(3) 第一～二段落の中で、筆者は写真について、「対象を写しているように思えて、実は、撮影者がそこには写り込んでいる」と主張している。写真には写した対象のみならず、撮影者の感情も反映されるという主張である。これはブレッソンが『決定的瞬間』の中で述べている「心の内部の世界」と「外側に広がる世界」とが相互的な影響を与え合い「ひとつの世界」を形成するという主張に通じるところがある。したがって、**ア**が正解である。

(4) 動画映像において、「決定的瞬間」が消滅する理由については、――線②のある第五段落の直後の第六段落において詳説されている。「あらゆる時間の断片」が「等質で蓄えられる」ことにより、「すべての瞬間はその前後との退屈な連続性のうちに没してしまうから」と述べられているので、ここを用いて解答の文に合うように書き改める。

(5) A…第四段落で「決定的瞬間」について、「写真家それぞれの『私』と『世界』とが共鳴する瞬間」であると説明されている。本文の記述と設問を対応させると「共鳴する瞬間」があてはまるとわかる。B…本文末尾の第八段落において、「これだ、という直観や感動や高まり」とともに、「決定的瞬間」を切り取るという「行為」こそが写真の本質であると述べられている。ここと設問を対応させると「これだ、という直観や感動や高まり」があてはまるとわかる。

25 文学的文章① 場面・情景・あらすじ

本冊 P106・107

解答

(1) (例)描かれた人の心の奥のエネルギーに充ちた姿を実物以上に伝え、その人のもつ存在感を表すことができる

(2) Ⅰ **オ**
Ⅱ **ウ**
Ⅲ 作品自体の心

解説

(1) ルイの描いたまゆの絵は、「心の奥にある芯の強さ」が感じられ、「生き生きと血の通う、エネルギーの充《み》ちた子どもの身体なのだということ」が、「実物以上に」伝わる作品であった。まゆは、自分がモデルになったその絵を見て「自分が今、ちゃんと生きてここにいるんだ」と自分の存在を実感する言葉をつぶやいている。実弥子《みやこ》はこれをきっかけに、絵とは「今まで見えていなかったその人」を実感させるものであることに気づいたのである。この点を指定の字数内にまとめる。

(2) Ⅰ…ルイが三年生で、自分より「二コも下」であると知ったまゆは、「やだなあ、…見せるのはずかしすぎる」とほとほと困っている。したがって、**オ**の「羞恥」が正解である。Ⅱ…――線Dの直後でまゆは「わかった。モデルのルイくんが見たいって言うなら、見せないわけにはいかないよね」と、絵を見せる決心をしている。まゆが少し照れながら背筋を伸ばした様子からは自分を励まそうとする気持ちが読み取れるので、**ウ**の「鼓舞」が正解である。Ⅲ…まゆが数度まばたきをするきっかけとなっている直前の実弥子の会話中から条件に合う語句を探す。完成した絵に「まわりに自分を見てもらいたいな、という意志が生まれる」こと

を端的にまとめた「作品自体の心」があてはまる。

26 文学的文章② 心情・言動・理由 本冊 P110・111

解答

(1) **ウ**

(2) **イ**

(3) **ア**

(4) (例) Ⅰでは、プロ棋士になるという夢をもうかなえられないことへの悲しみを感じていたのに対し、Ⅱでは、プロにはなれなくとも自分は将棋が好きだという、将棋への純粋な思いを再確認し、明るい気分になっている。

解説

(1) 祐也《ゆうや》の父は、成長のスピードはひとによってそれぞれであることを言おうとしているので、**ウ**の「千差万別」が正解である。

(2) ――線①の直前の祐也の父の言葉に注目する。息子の異変に気づいていながらも自分は「将棋については素人同然」であったため、どのようにとめればよいのかがわからず、その結果、祐也を二年と二ヵ月もの間苦しめてしまったことを申しわけなく思い、謝罪しているのである。したがって、**イ**が正解である。

(3) 玄関でむかえてくれた母の様子は、いつもと変わらない明るい調子であったため、祐也はうれしさで顔をほころばせたのである。したがって、**ア**が正解である。

(4) ……線Ⅰの直前には、「もう、棋士にはなれないんだ」とあり、プロの棋士になれない祐也の悲しさが読み取れる。一方で、……線Ⅱの直前には、プロになるという夢はかなわなかったものの、「それでも将棋が好きだ」という将棋への「うそ偽りのない思い」を、将棋をおぼえてからの日々を回想しながら再確認することで、明るい気分になっていることが読み取れる。以上を設問の条件に従い、Ⅰの時とⅡの時の祐也の心情を比較しながらまとめる。

27 文学的文章③ 人物像・主題 本冊 P114・115

解答

(1) **エ**

(2) **ア**

(3) (例) 家を抜け、お百度参りに傾倒していたこと。

(4) もう、それ～なかった。

解説

(1) [**エ**] の直前までは地蔵堂の場面であるが、[**エ**] の直後では「帰り道ではほとんどなくなっていた」とあり、帰り道の場面へ転換していることがわかる。したがって、**エ**が正解である。

(2) 冒頭の場面で、ひさしが後をつけてきたことに気付いた母親は、「子供が、寒い朝、しかも学校へ行く前にこんな所まで出て来てはいけない」と親心から叱りつけている。しかし、ひさしが少しも靡《なび》くことがなかったため、母親は自分のショールをひさしに頬《ほお》被《かぶ》りさせ、寒さをしのがせている。母親はその時と同じ気持ちから、祈願をしている間の寒さをしのげるように、ひさしに「脱いだコートをまた頭から被らせ」るという行動をとったと考えられる。したがって、**ア**が正解である。

(3) ――線②の少し後ろの場面を読むと、ひさしが知った事実について詳説されており、「家の者がまだ寝ているうちに家を抜け出して、他家《たけ》の人のようになってお百度参りをする母親を目にしたひさしは」とある。ここから、ひさしが知った事実とは、母親が「（子どもの知らないところで）家を抜け出し、お百度参りをしていたこと」をつかむ。

(4) ひさしの変化を描いており、内面の成長につながっていると考えられる描写を探す。

図中の二点を参考に、本文の後半に着目する。「家の者がまだ寝ているうちに家を抜け出して、他家の人のようになってお百度参りをする母親」を見たひさしは、「もう、それを知らないうちのひさしに戻るわけにはいかなかった」とある。この描写は、母親の知らない一面を目の当たりにして衝撃を受けているところであり、それを知る前と知ったあとではひさしの内面が変化し、今後の成長に何らかの影響を与えると考えられる。

28 新傾向問題①

本冊 P118・119

解答

1 (例)

辞書に現代的な意味や用例が載っていると、現代的な文脈の中で使われている言葉の意味も調べることができるため、現代の生活に役立つ辞書になる。

しかし、辞書のもつ信頼性から、現代的な用例が言葉本来の意味として誤認され、日本語の乱れにつながる恐れがある。

2 (例)

私は、反対の立場である。興味の幅は、他からの刺激で広がっていくものだと思うからだ。もちろん、楽しさの押しつけはよくない。しかし、何かを始めるときに経験者の感想は参考になる。私も姉の影響で吹奏楽を始めた。姉がいなければ吹奏楽のよさに気づけなかったかもしれない。姉も私と楽しみを共有できるようになり楽しそうだ。楽しさを伝えることは互いによさがあると考える。

3 (1) いただき

(2) (例) 私は、標語Aがよいと思う。

なぜなら、掃除はそれぞれが担当場所を地道にきれいにすればよく、Aにはその趣旨がよく表現されていると思うからだ。Bのように「声をかけ」あい、誰かに言われて仕方なくやるのでは効率も上がらない。各自が責任をもって自主的に取り組むように呼びかけていきたいので、一人一人が手を動かすとある標語Aが、よいと考える。

4 (例)

私は、Cさんの意見に注目する。外来語が多用されると分かりにくくなるうえに、それに対応する日本語が消えていくように感じるからだ。

以前、国語の授業で意見文を書いたのだが、原稿用紙にカタカナを書くことに違和感を覚え、外来語を極力日本語に言い換えた。そのとき、日頃、自分がいかに外来語を多用しているか、同意の日本語があるのに使っていないかを実感した。外来語の多用は国語の乱れにつながると思う。

解説

1 条件に従って二段落構成とし、第一段落には選択した特徴の良い点を、第二段落には問題点を指摘する。Xを選択した場合、良い点として、言葉を感覚的にもとらえることができるため、言葉の意味のより深い理解につながる点、悪い点として、「おいしい」などの感覚は人によって異なるため、正しい情報とは言い切れない点などが考えられる。

2 賛成、反対の立場を明確にしているかどうか、選んだ立場と考えや理由に矛盾がないかどうか、自分の体験など、説得力のある理由が書かれているかどうかを見る。段落は設けず一マス目から書く、百五十字以上、百八十字以内で書くという条件を守ること。

3 二段落構成とし、第一段落では自分の考えを、第二段落ではそのように考えた理由を書く。Aは「一人一人が」頑張る、Bは「みんなで」頑張るという違いをおさえる。その標語を掲示することでどのような効果が期待できるか、どのようなことを呼びかけたいか、などを書いて、読む人を説得しよう。

4 選んだ意見に沿って自身の意見と理由が述べられているか、字数内でまとめられているかを見る。段落の指定はないので、選んだ意見→その理由の順に続けて書いていく。それぞれの意見には、国語の乱れを、Aさんは敬語の誤用に、Bさんは若者言葉に、Cさんは外来語の多用に感じるという違いがある。体験や見聞が思いつくものを選び、それを含めて書くと、字数を満たすことができるだろう。

29 新傾向問題②

本冊 P122・123

解答

1 (例)

資料から、カタカナ語には多義性があること、和語や漢語では表しにくい微妙な意味合いを表せることが読み取れるが、これがカタカナ語の使用が増えていく原因の一つではないだろうか。

例えば「テンションが高まる」という場合の「テンション」は、本来の「緊張」という意味があるが、「テンションが上がる」の場合は、「気分」や「感情」の意味、「テンションが高い人」となると「元気」「興奮」の意味も含まれ、日本語で、一言で表現することが難しくなる。その点、カタカナ語は様々な意味をもち、いろいろな場面で、雰囲気で意味を伝えることができる便利さがある。だから、今後も使用は増えていくと思う。

2 (例) 選んだ記号 ②

(例) 地方では交通手段が少なく、自動車がなければ、生活に不都合なことが多い。そのため、高齢になっても自動車を運転せざるを得ず、高齢者による交通事故も多発している。

全自動カーが実現すれば、高齢になっても安全に運転することができる。それだけでなく、障がいがある人も自力での移動手段を得ることができると考える。住んでいる場所や年齢などの制約を受けずに暮らせる社会が理想だ。私は、誰にとっても安全で快適な社会の実現のために、情報通信機器を活用したい。

3 (例) 資料から、13〜14歳から15〜19歳に年齢が上がると、「今の自分が好きだ」の割合は一割以上減少、「今の自分を変えたいと思う」割合は五割程度から八割近くまで上昇していることが読み取れる。

自分自身を変えたいという思いは、自己を相対的に見られるようになった証拠であり、成長には必要なことである。しかし、自己肯定感が低いと劣等感につながる恐れがあるため、今の自分を認めつつ、更なる高みを目指すことが大切だと思う。

解説

1 カタカナ語の使用が増えていくことについて、【資料】をふまえて自分の考えを述べる。【資料】にはカタカナ語の例と、「さまざまな意見」としてカタカナ語の長所と短所がまとめられている。「さまざまな意見」からいくつか選んで自分の意見の根拠とし、「カタカナ語の例」にある語をその具体例として書くとよい。カタカナ語の使用が増えていくことについて、という主題と、自分の考えと【資料】につながりがあること、根拠が示された考えに説得力があること、原稿用紙の正しい使い方に従っていること、などが「ポイント」である。

2 選んだ情報通信機器の便利さで終わらせずに、それを使用することによって、社会がどのように変化するかを書く。第一段落には高齢者は日常生活に誰かの手助けを必要とする場面が次第に増えていく、などの現状を書く。第二段落には、たとえば、①生活支援通信ロボットであれば、相手に気兼ねすることなく必要なときに手伝ってもらえる、などの根拠とともに、老後を安心して暮らせる社会、など、目指す社会像を書く。原稿用紙の正しい使い方に従い、制限字数内でまとめる。

3 資料の内容をもとに「自分自身を変えること」について意見を述べる。資料の「あてはまる」「どちらかといえばあてはまる」の二つの項目をそれぞれ合計すると、13〜14歳から15〜19歳へ年齢が上がると、質問Ⅰの自己肯定感は下がり、質問Ⅱの「今の自分を変えたい」という思いが強くなる変化を読み取る。「自分自身を変えること」について考えるという趣旨に引っ張られ、質問Ⅱの読み取りだけにならないよう、必ず質問Ⅰの内容にも触れること。原稿用紙の正しい使い方に従って意見をまとめよう。

30 新傾向問題③

本冊 P126・127

解答

(1) **6**

(2) (例)「若者言葉」に乱れを感じている割合は「十六〜十九歳」が最も高いのに対し、「二十代」は最も低い

(3) (例)一つの事例を見ただけで全体の傾向として断定する

解説

(1) [Ⅰ]はあとに「尊敬語と謙譲語の使い分けができていない」とあるので、尊敬語を使う場面で謙譲語を使っている**エ**と**オ**があてはまる。**エ**は、「参る」ではなく「いらっしゃる」、**オ**は「頂く」ではなく「召しあがる」が正しい。また、謙譲語に尊敬の助動詞「れ(れる)」をつけている点も不適切である。

(2) 「敬語の使い方」と「若者言葉」の二つのグラフについて「16〜19歳」と「20代」の数値を見ると、「敬語の使い方」は64・4%と数値が同じである。[Ⅱ]の直前に「相違点として」とあることから、「若者言葉」のグラフについて説明すればよいとわかる。また、「全年齢層の中で比較すると」とあるので、全体の中での傾向を読み取る。すると、「若者言葉」に乱れを感じている割合が全年齢層の中で「16〜19歳」が最も高く、「20代」が最も低いことが読み取れる。

(3) 空欄のあとでBさんが「慣用句の捉え方に関する事例をもっと調べてみませんか」と提案している。つまり、「語句や慣用句・ことわざの使い方」に国語の乱れを感じる人が少ない原因を、慣用句の誤認に気づいていない人が多いことだと断定するには、「浮足立つ」という一つの慣用句の事例だけでは不十分だと考えたのである。「全体の傾向」という指定語句があるので、「ことは、適切ではない」につながるように、「一つの事例だけを見てそれが全体の傾向だと判断する」などとまとめる。

Memo

Memo

Memo